Leben LERNEN
Klett-Cotta

Zu diesem Buch

Nach wie vor ist der Bedarf an Begleitung und Hilfe für Geflüchtete riesengroß. Das Buch macht allen Fachleuten, wie Psychotherapeutinnen, Ärztinnen oder Sozialarbeiterinnen, aber auch ehrenamtlichen Helfern Mut, ihre Unterstützung anzubieten. Die Autoren und Autorinnen des Bandes berichten authentisch von ihren Erfahrungen in der Begleitung geflüchteter Menschen. Zahlreiche Hinweise zu den Besonderheiten in diesen Begegnungen sowie praktische Vorschläge aus den traumatherapeutischen Interventionsmöglichkeiten geben konkrete Hilfestellung. Eine zentrale Aussage des Buches lautet: Wir behandeln und begleiten Menschen, nicht Traumata! Mitgefühl, Respekt und echtes Interesse sind die Grundlagen, damit Menschen in Not wieder Mut schöpfen können. Gerade in Deutschland, dessen Erfahrungen mit Flucht und Vertreibung gerade einmal 75 Jahre zurückliegen, sollte dieses Wissen nicht verlorengehen.

Die Reihe »Leben Lernen« stellt auf wissenschaftlicher Grundlage Ansätze und Erfahrungen moderner Psychotherapien und Beratungsformen vor; sie wendet sich an die Fachleute aus den helfenden Berufen, an psychologisch Interessierte und an alle nach Lösung ihrer Probleme Suchenden.

Luise Reddemann, Ljiljana Joksimovic
Simone D. Kaster, Christian Gerlach

Trauma ist nicht alles

Ein Mutmach-Buch für die Arbeit mit Geflüchteten

Klett-Cotta

Leben Lernen 304

MIX
Papier aus verantwortungsvollen Quellen
FSC® C013736

Klett-Cotta
www.klett-cotta.de

Printed in Germany
Umschlag: Jutta Herden, Stuttgart
unter Verwendung eines Fotos von © rawpixel on Unsplash
Gesetzt aus der Dokumenta von Kösel Media GmbH, Krugzell
Gedruckt und gebunden von Kösel, Krugzell
ISBN 978-3-608-89241-3

Bibliografische Information der Deutschen Nationalbibliothek
Die Deutsche Nationalbibliothek verzeichnet diese Publikation in der Deutschen Nationalbibliografie; detaillierte bibliografische Daten sind im Internet über <http://dnb.d-nb.de> abrufbar.

Inhalt

Vorwort

Klaus Ottomeyer

Ungefähr vor 25 Jahren habe ich angefangen, neben meiner Lehrtätigkeit an der Universität Klagenfurt mit Kriegsflüchtlingen zu arbeiten. Wir haben länger gebraucht zu lernen, wie ein sinnvolles psychotherapeutisches Hilfsangebot aussehen kann. Unsere akademische Besserwisserei mussten wir auf jeden Fall ablegen. In unsere im Jahr 1999 auch formell gegründete Einrichtung »Aspis« (Schutzschild), die mit den »Psychosozialen Zentren« für Flüchtlinge in Deutschland vergleichbar ist, kamen später Angehörige anderer Flüchtlingsgruppen: aus dem Iran, aus Tschetschenien, aus Afghanistan, aus einigen afrikanischen Ländern und seit den allerletzten Jahren natürlich vor allem aus Syrien und aus dem Irak. Obwohl zwischen Kärnten und Nordrhein-Westfalen, wo die Autorinnen und Autoren des vorliegenden Buches arbeiten, 1000 Kilometer liegen und wir uns manchmal als ziemlich kleine Provinzeinrichtung fühlen, war ich beim Lesen immer wieder erstaunt und erfreut, wie ähnlich die Spannungsfelder und die Szenenbilder hier wie dort sind. Auch bei uns kann es passieren, dass eine Dolmetscherin aus Mitleid mit einem untergewichtigen Flüchtling zu Hause ein Gebäck nach einem Rezept aus seiner Heimat herstellt und wir dann zu dritt einen Teil der Therapiestunde mit Essen und Plaudern verbringen. Beides ist therapeutisch sinnvoll. Ein langsam entstehendes Gefühl der Sicherheit ist überhaupt das Wichtigste. Entlastend ist auch der Hinweis der Autorinnen und Autoren, dass man »nicht immer alles verstehen« kann, aber versuchen kann, so aufmerksam und empathisch zu sein, wie es uns möglich ist. Oft geht es nur um das Aushalten der

Erzählung und das Umkreisen des Schreckens. Das Spüren der eigenen Irritation ist nicht zu vermeiden. Die Irritationen öffnen manchmal den Weg zu einer Annäherung an die traumatische Angst und die Kulturkonflikte, welche die Patientinnen beschäftigen. Man muss über das Land und die Kultur der Flüchtlinge auch gar keine umfangreichen Vorinformationen haben, wie manche Skeptiker behaupten, sondern man sollte versuchen, sich über das Irritierende und kulturell Befremdliche auszutauschen. Die meisten Flüchtlinge lieben es, wenn wir sie um landeskundlichen Nachhilfeunterricht bitten. Ich habe mich schon oft am Ende der Therapiestunde spontan bei einem Klienten oder einer Klientin bedankt, weil ich so viel bekommen habe: nicht nur Vertrauen, sondern auch sehr interessante Informationen aus einem ganz anderen Teil der Welt.

Eingebettet in die eher unspektakuläre Kommunikation, die sich um Alltagsprobleme der Flüchtlinge, um Beruhigung, Ermutigung und manchmal lustige kleine Geschichten dreht, kommt es natürlich auch zu fachlich-therapeutischen Interventionen oder bedeutsamen Wendungen, die dazu beitragen, dass sich das Befinden unserer Klientinnen spürbar verbessert. So habe ich mich mitgefreut über die von Simone D. Kaster erzählte Geschichte von »Herrn Ibrahimi«, der, wie sehr viele Flüchtlinge, von einer hartnäckigen »Überlebensschuld« gequält wird. Ein Kamerad starb nach einem Feuergefecht in den Armen von Herrn Ibrahimi. Herr Ibrahimi erlebte das schreckliche Bild immer wieder. Der Therapeutin gelingt es, den Patienten durch eine psychodramatische Technik, nämlich durch einen Wechsel von Stühlen und ein gespieltes Interview mit dem fachlich informierten Sanitäter, der Herr Ibrahim früher einmal war, aus dem Dauertief seiner Selbstvorwürfe herauszuholen. Die Überlebensschuld lässt sich nach meinen Erfahrungen erstaunlich leicht durch ein Spiel abmildern, zu dem auch die verstorbene oder zurückgelassene Person (oft die Mutter des Überlebenden) selbst psychodramatisch oder imaginativ eingeladen werden kann. Diese Person freut sich dann fast immer darüber, dass es zumindest dem Angehörigen oder Freund gut geht, der es geschafft hat, lebend in ein sicheres Land zu kommen.

Bescheide, wie der im Fall von Frau Mulumba erwähnte, sehen wir leider oft. Das Management der Empörung ist eine eigene Kunst, die man in unserem Geschäft lernen muss. Im vorliegenden Fall zeigt uns der Therapeut vorbildlich, wie man es trotz aller Widerstände und allen Ärgers machen sollte. Er versetzt sich in die Rolle eines argumentationswilligen Juristen der zweiten Instanz und erklärt ihm in einer schriftlichen fachlichen Stellungnahme Schritt für Schritt, dass und auf welche Weise das seltsame Verhalten und die fragmentierte, inkonsistente Erzählung eher als typische Traumafolgestörung und nicht einfach als Hinweis auf die mangelnde Glaubwürdigkeit der Asylbewerberin gesehen werden können. Und er darf sich freuen. Frau Mulumba bekommt Asyl und wirkt danach wie eine andere Person. Dies sind die Highlights, die wir manchmal haben. Viele Therapien drehen sich um solche Stellungnahmen, die so abgefasst und erklärt werden müssen, dass alle Beteiligten sie verstehen können.

Bei der Traumaverleugnung handelt es sich nicht so sehr um Bosheit und politische Willkür (die natürlich auch wirksam sind), sondern vor allem um unbewusste Abwehrmechanismen, die mit der Angst vor einem unsagbaren Grauen, vor einer Hölle mit entsetzlichen Qualen an Körper und Seele zu tun haben, die es in einigen Zonen unserer Welt tatsächlich gibt. Es gab sie auch in den Lagern und Folterstätten der Nazis. Die Vorstellung, dass eine albtraumartige Welt des Wahnsinns, ein »psychotischer Kosmos« uns in Gestalt der Opfer und ihrer Geschichten begegnen und unser Urvertrauen und den kindlichen Glauben an eine gerechte Welt zerstören kann, produziert eine reflexhafte Abwehr von Empathie. Hier spielt auch ein von der rechten Politik geschürter Geschwisterneid (auf die »nach uns Gekommenen«) hinein, der es erschwert, die Flüchtlinge (wie es an einer Stelle im Buch heißt) als unsere »Weltgeschwister« wahrzunehmen.

Als Therapeutinnen und Helferinnen sollten wir in Ruhe und Beruhigung vermittelnd weiterarbeiten. Weder Dauerprotest noch Überarbeitung sind hilfreich. Luise Reddemann hat einmal gesagt, dass wirksame Traumatherapie vor allem darin besteht, den Hilfesuchenden die Fähigkeit zur Selbstberuhigung zu vermitteln. Im

Falle der Klientinnengruppe der Flüchtlinge ist das schwierig, leichter gesagt als getan. Das vorliegende Buch kann uns helfen, aus dem Einzelkämpferinnen-Gefühl, in welchem wir als Individuum und als Team manchmal stecken, herauszukommen und uns gegenseitig zu ermutigen.

Unbedingt zuzustimmen ist der These der Autorinnen, dass Therapeuten, welche mit Kriegs- und Terroropfern arbeiten, ihre eigene Familiengeschichte reflektieren sollten. Diese Geschichte ist, wenn man nur zwei oder drei Generationen zurückgeht, so gut wie immer mit Krieg, Verfolgung, Flucht oder Vertreibung verbunden, welche auch Spuren und Verhärtungen in uns hinterlassen haben. In den akademischen Ausbildungen wird das nicht vermittelt. Als ich beim Lesen über diese Bezüge nachdachte, kamen mir nach langer Zeit erstmals wieder die Bilder von der schlechten Behandlung einquartierter Flüchtlingsfamilien in den Sinn, die ich als Kind Anfang/Mitte der 50er Jahre noch miterlebt habe.

Das Thema Flucht und Vertreibung ist überall präsent.

Dr. Klaus Ottomeyer ist em. Professor für Sozialpsychologie in Klagenfurt, Vorstand des Kärtner Forschungs- und Beratungszentrums für Traumaopfer »Aspis«.

Einleitung

Dieses Buch richtet sich an ärztliche und psychologische Psychotherapeuten, aber auch an Ärztinnen und Ärzte anderer Fachgebiete, insbesondere für Psychiatrie, Psychosomatische Medizin und Psychotherapie, Sozialarbeiterinnen und andere Helfende, die Geflüchtete besser verstehen möchten und ihnen beistehen wollen auf einer Basis von Respekt und Mitgefühl. Das kann im Rahmen von Richtlinien-Psychotherapie geschehen, aber auch durch andere Formen der Begleitung, z. B. im Rahmen »niederfrequenter Psychotherapie«, Krisenintervention, psychiatrischer Beratung und Behandlung, sozialarbeiterischer Beratung und Begleitung. Sie alle möchten wir einladen, sich auf die eine oder andere Weise zu engagieren, denn der Bedarf ist laut der ersten bundesweiten Untersuchung zum gesundheitlichen Zustand von Geflüchteten, die vom wissenschaftlichen Dienst der AOK durchgeführt und ausgewertet wurde, riesengroß. Allein drei Viertel der in Deutschland lebenden Geflüchteten aus den wichtigsten Herkunftsländern Syrien, Afghanistan und dem Irak – hochgerechnet mehr als 600 000 Menschen – seien laut Studie oft gleich mehrfach traumatisiert[1]. An einer weiteren deutschen Studie nahmen 200 erwachsene syrische Flüchtlinge mit einer Aufenthaltserlaubnis teil: Hiervon war jeder Dritte an einer Posttraumatischen Belastungsstörung (PTBS), Depressionen oder einer generalisierten

1 Helmut Schröder, Klaus Zok, Frank Faulbaum: Gesundheit von Geflüchteten in Deutschland – Ergebnisse einer Befragung von Schutzsuchenden aus Syrien, Irak und Afghanistan. WIdO-monitor 2018; 15(1): 1–20 http://www.wido.de/fileadmin/wido/downloads/pdf_wido_monitor/wido_mon_ausg_1_2018_1018.pdf

Angststörung erkrankt[2]. Nach wie vor gibt es zu wenige Therapeutinnen, die sich bereit erklären, psychotherapeutische Hilfe für geflüchtete Menschen anzubieten. Wir wissen, dass nicht jeder und jede Traumatisierte eine psychotherapeutische Einzelbehandlung benötigt – häufig auch nicht an erster Stelle. Verschiedene Arten von Hilfen, wie z. B. die Unterstützung durch Ehrenamtliche und Laienhelferinnen, können entlastend sein. Daher gehen wir davon aus, dass auch helfende Laien von diesem Buch profitieren können, wenn es um tieferes Verstehen geht.

Wer wir sind

Wir, die wir dieses Buch schreiben, sind die Psychotherapeutin Simone D. Kaster und der Psychotherapeut Christian Gerlach, die lange neben eigener Praxistätigkeit in einem Psychosozialen Zentrum für Flüchtlinge mitgearbeitet haben, eine Fachärztin für Psychosomatische Medizin und Psychotherapie, Ljiljana Joksimovic, die aufgrund persönlicher Erfahrungen als Migrantin und Geflüchtete seit Jahrzehnten im Bereich der klinischen Behandlung von Zugewanderten und Geflüchteten tätig und engagiert ist, und eine Psychiaterin und Psychotherapeutin, Luise Reddemann, die sich seit über drei Jahrzehnten mit der Behandlung von traumatisierten Menschen befasst. Wir kommen aus verschiedenen Therapieschulen und erlebten unseren Austausch während des Entstehungsprozesses dieses Buches als sehr fruchtbar und bereichernd. Wir kommen auch aus unterschiedlichen beruflichen Kontexten: Praxis, Klinik, Beratungsstelle. Es ist uns daher bewusst, dass in einer Einzelpraxis nicht alles geleistet werden kann, was in den Arbeitsstrukturen einer Beratungsstelle oder einer Klinik möglich ist. Dennoch hoffen wir, dass unsere Ausführungen auch für niedergelassene Kolleginnen und Kollegen hilfreich sind, sich zuzutrauen, Geflüchtete zu begleiten oder zu behandeln. Es wurde uns sehr deutlich, dass es uns allen in

2 https://www.aerzteblatt.de/nachrichten/98605/Fast-jeder-dritte-syrische-Fluechtling-psychisch-krank

unseren unterschiedlichen Praxisfeldern um gelingende Beziehungen mit den Klientinnen geht. Die Tatsache, dass wir aus vielfältiger und unterschiedlicher professioneller Erfahrung schreiben, dass wir jeweils in unserem persönlichen Stil schreiben, mag zeigen, dass Teamwork, fachlicher Austausch und Diversität der Perspektiven im Umgang mit den hier beschriebenen Herausforderungen sehr sinnvoll sind. Vielleicht kann dies an der einen oder anderen Stelle aber auch irritieren, und eventuell wird hierdurch der Lesefluss beeinträchtigt. In unseren Augen jedoch stellt gerade diese Vielfalt ein wertvolles Abbild der Arbeit mit Geflüchteten dar, sodass wir bewusst auf die einheitliche Stilisierung des Textes verzichtet haben.

Bevor wir im Folgenden einige unserer Grundhaltungen beschreiben und auch, welchen Themen Sie in diesem Buch begegnen werden, möchten wir uns bei Frau Annette Windgasse und Frau Monika Schröder für ihre hilfreichen Anregungen für das Buch bedanken.

Ethische Grundhaltung

Eine ethische Grundhaltung ist uns ein Anliegen, daher verweisen wir auf das Ethikhandbuch des Weltärztebundes. Hier heißt es in der neuesten Version der World Medical Association, dass der Arzt/die Ärztin verspricht: »to consecrate my life to the service of humanity« und »the health and wellbeing of my patient will be my first consideration«. Dies wird dann weiter ausgeführt mit »I will respect the autonomy and dignity of my patient«[3].

Dies kann eine Orientierung für alle Helfenden sein, selbst wenn sie nicht direkt ärztlich-therapeutisch tätig sind. Sein Leben dem Dienst an der Menschlichkeit zu weihen, das sind große Worte, vor denen man zurückschrecken kann. Wir lesen sie aber auch als Ermutigung und vor allem so, dass die Ärzte, die das formuliert haben, nicht meinen, dass Einzelne von uns die Welt retten können, son-

3 https://www.wma.net/what-we-do/medical-ethics/declaration-of-geneva/public-consultation-on a draft revised version of the Declaration of Geneva. Zugriff 31.05.2018

dern dass unser Dienst an jeder einzelnen Patientin/an jedem Patienten sinnvoll ist. Manche Kollegen scheinen Angst vor der Aufgabe zu haben, sich um Geflüchtete in ihren Praxen zu kümmern, und erwarten große Probleme, denen sie sich nicht gewachsen fühlen. Wir wünschen uns, den Lesern diese Ängste nehmen und Vorbehalte ausräumen zu können; wir haben aber auch Respekt vor den Bedenken, weil wir sie von uns selbst kennen. Weiter unten gehen wir unter der Überschrift »Können wir alle retten?« auf dieses Dilemma näher ein. Wir werden auch Überlegungen anstellen zum würde- und mitgefühlsorientierten Umgang mit Geflüchteten. Auch wenn in einer Einzelpraxis anders gearbeitet werden muss und eine multiprofessionelle bzw. interdisziplinäre Arbeit wie z. B. in einer Beratungsstelle oder Klinik in dieser Weise nicht möglich ist, hoffen wir, dass unsere Ausführungen auch für niedergelassene Kolleginnen hilfreich sind, Geflüchtete zu behandeln oder zu begleiten. Wir unterscheiden dies, weil nicht jede/r Geflüchtete Psychotherapie will oder benötigt, selbst wenn er – oder sie – traumatisiert ist.

Wir behandeln und begleiten Menschen, nicht Traumata! Die Menschheit wäre längst untergegangen, wenn Traumatherapie allein helfen würde, denn diese gibt es bei großzügiger Rechnung allenfalls seit einem guten Jahrhundert, nämlich seit dem Ersten Weltkrieg. Damals machten sich einige Psychoanalytiker, u. a. auch Freud, Gedanken, wie man traumatisierte Soldaten behandeln könne[4].

Wir möchten Sie einladen, sich kurz in das folgende Szenario hineinzuversetzen, weil wir davon ausgehen, dass das, was wir hier verdeutlichen möchten, Einfühlung voraussetzt.

Stellen Sie sich bitte vor: Sie sind gezwungen, Ihre Heimat kriegsbedingt zu verlassen oder weil Sie einem mörderischen System entkommen möchten. Sie können nur mitnehmen, was Sie auf dem

4 Freud hatte sich bereits 20 Jahre zuvor mit Traumatisierungen durch sexualisierte Gewalt beschäftigt. Da er deshalb von seinen Kollegen eisige Ablehnung erfuhr, verwarf er seine Theorien, griff aber manches während des 1. Weltkriegs wieder auf.

Leib tragen; nach langer, beschwerlicher und teils lebensbedrohlicher Flucht kommen Sie in einem anderen Teil Ihres Landes an. Dort hoffen Sie, wieder ein Zuhause zu finden, denn dort leben Verwandte, Freunde, zumindest aber Menschen, die Ihre Sprache sprechen und die ihre Heimat nicht verloren haben. Sie hoffen, freundlich und verständnisvoll aufgenommen zu werden und Mitgefühl und Gastrecht zu erfahren. Doch weit gefehlt. Man begegnet Ihnen mit großem Misstrauen, man lässt Sie spüren, dass Sie unerwünscht sind, dass man in Ihnen einen minderwertigen Menschen sieht, der zu Recht seine Heimat verloren hat. Wie würden Sie sich fühlen, wenn Ihnen solches widerfahren würde, wenn Sie erleben müssten, dass Jahr um Jahr sich nichts ändert und sogar Ihre Kinder, die bereits dort geboren werden, wo Sie versuchen, eine neue Heimat zu finden, immer noch als Fremde, als Unerwünschte, Minderwertige behandelt werden?

Würden Sie darum kämpfen, dass Sie eine Entschädigung erhalten, dass Sie, sobald das möglich ist, wieder zurückkönnen in die verlorene Heimat? Würden Sie resignieren? Würden Sie versuchen, sich dort, wo Sie jetzt sind, so gut anzupassen, dass in Vergessenheit gerät, woher Sie kommen und was Sie erlitten haben? Welche anderen Wege würden Sie beschreiten, um mit dem, was Sie durchgemacht haben, fertig zu werden? Und wie würden Sie sich fühlen, wenn schließlich Ihre Kinder oder gar Enkel von Ihnen Genaueres wissen wollten? Würden Sie schweigen wollen und meinen, man solle um Himmels willen diese alten Geschichten in Ruhe lassen, oder erleichtert beginnen, über das lang Unterdrückte zu sprechen?

Dieses und Ähnliches ist hierzulande nach dem Zweiten Weltkrieg Millionen von Menschen widerfahren, und vieles spricht dafür, dass diese Erfahrungen immer noch nachwirken, nicht zuletzt transgenerational. Dass dies so ist, bestätigt sich neuerdings durch zahlreiche öffentliche Zeugnisse von alten Menschen, die jene Zeit miterlebt haben. Es spricht auch vieles dafür, dass die Verarbeitung oder Nichtverarbeitung der hieraus entstandenen Probleme über Wohl und Wehe der Menschen mitentscheiden kann, die jetzt hilfesuchend zu uns kommen. Seit Langem hören wir Klagen von Menschen, deren Eltern und Großeltern Flüchtlinge waren, wie sehr sie teils durch Erzählungen, teils auch durch »sprechendes Schweigen« der Vorfahren belastet waren bzw. sind. Und wie es scheint, führt die Familiengeschichte teilweise zu mehr Verständnis für die Geflüchteten, die heute zu uns kommen, leider aber auch zu großer Feindseligkeit. Was möglicherweise dadurch erklärt werden kann, dass direkt, aber auch transgenerational Betroffene vermeiden, an die alten schmerzhaften (Familien-)Geschichten erinnert zu werden.

Beispielhaft beschreibt Hans-Ulrich Treichel in seinen Werken, wie ihm als Kind von Flüchtlingen zumute ist. »Und so habe ich mich, der ich aufgrund meines Geburtsortes ein WESTFALE genannt werden könnte, in Wahrheit mehr als ein Pole denn als ein Deutscher oder gar Westfale gefühlt, obgleich auch für mich meine Eltern in erster Linie Menschen aus der Fremde waren, MENSCHEN AUS DEM OSTEN, mit denen mich, der ich in Westfalen geboren war, keine gemeinsame Herkunft verband«[5]. Hans-Ulrich Treichel wurde 1952 in Versmold in Westfalen geboren. In den meisten seiner Bücher ging es immer wieder um das Thema »Heimatverlust der Eltern« und seine damit einhergehende jahrzehntelange Sprach-Verwirrung. Damit brachte er etwas zum Ausdruck, was viele seiner Generation betrifft. »Alle Antworten, die mir gegeben wurden, haben immer nur die verwirrendsten und abwegigsten Geschichten hervorgebracht, in denen neue Namen, Jahreszahlen, Ereignisse auftauchten und die meine Fragen erstickten und erledigten … (So) beschloss ich, nie wieder auch nur einen einzigen Gedanken an diesen Ort und an diese Frage zu verschwenden und meine Eltern als herkunfts- und antwortlos zu erklären. Doch diese herkunft- und antwortlosen Wesen, die meine Eltern irgendwann einmal für mich geworden sind, haben mir immer wieder neue Geschichten erzählt und mir immer wieder neue Antworten auf meine nun nicht mehr

5 Treichel, H.-U. (1998): Von Leib und Seele. Frankfurt am Main, Suhrkamp, S. 11, Großbuchstaben vom Autor

gestellten Fragen gegeben, und mit jeder weiteren Geschichte und mit jeder weiteren Antwort hat sich die Wahrheit über die Herkunft meiner Eltern, die ja nicht zuletzt auch die Wahrheit über meine eigene Herkunft war, immer weiter verzweigt«[6].

Genauer lässt sich das psychische Elend, das aus einer unverarbeiteten und unbetrauerten Vergangenheit der Eltern resultiert, wohl kaum beschreiben; und dass diese weiterwirken kann.

In mancher Gruppentherapie ist die Hälfte der Teilnehmer Kinder von Vertriebenen mit schrecklichen Erfahrungen. Sogar wenn diese Kinder weit nach dem Krieg geboren wurden, wurde all das Entsetzen, all die Furcht der Eltern weitergegeben. Und häufig eben die Identitätsunsicherheit mit der Frage: Wo gehöre ich hin?

Zur Sprache kommen Themen wie Vertreibung, Flucht, Schrecken, Schutzbedürfnis, Albträume, Ängste, Hilflosigkeit, Todesangst, Identitätsverlust, Tod, Kontrollverlust, Scham- und Schuldgefühle.

Außerdem Fragen nach der Bedeutung der Erfahrungen. Und auch: Vertrauen, Kontrolle, Orientierung, Ordnung, Öffnung, Hoffnung, Anpassung, Perspektiven, Abschied, um nur einiges zu nennen.

Die hier genannten Themen können viele Menschen betreffen, die ihre Heimat verloren haben, insbesondere, wenn dies unter Gewaltbedingungen geschehen ist. Und auch deren Kinder und Enkel. *Die Themen gelten auch für all diejenigen, die jetzt aus anderen Ländern zu uns kommen und unseres Verständnisses und unserer Hilfe bedürfen.* Wir kommen im letzten Kapitel unter der Überschrift »Blick zurück nach vorn« nochmals ausführlicher auf die historischen Zusammenhänge zu sprechen.

Viele von uns kennen solche und ähnliche Erfahrungen. Wir können fähig sein, uns einzufühlen, nicht zuletzt, weil wir ähnliche Erfahrungen, persönlich oder transgenerational vermittelt, kennen, allerdings nur dann, wenn wir uns mental und gefühlsmäßig erlauben, uns einzufühlen in uns selbst und unseren Schmerz.

---

6 A.a.O., S. 13

Was gebraucht wird

Wir möchten einladen, nicht zuletzt aufgrund dieser Kenntnisse unserer Geschichte, sich zuzutrauen, Geflüchteten beizustehen. Je belasteter jemand ist, desto ähnlicher wird das, was jemand benötigt, dem, was alle Menschen in Not benötigen.

Ein trauernder und verzweifelter Mensch ist ein trauender und verzweifelter Mensch, egal, wo er herkommt, welche Sprache er spricht und welcher Religion er angehört.

Und er braucht Mitgefühl, Ermutigung und das Nähren von Hoffnung.

Dazu gehört, Geflüchtete trotz aller Traumata auch immer wieder als die starken und mutigen Menschen zu sehen, die sie einst waren und immer noch sind, dies kann ressourcenreiche innere Anteile wieder verfügbarer machen.

Wir möchten einigen Vorurteilen widersprechen. Wir wünschen uns, dass viele unserer Kolleginnen sich entschließen, sich auf die eine oder andere Weise um Geflüchtete zu kümmern. Es muss nicht immer eine große Psychotherapie sein, es kann sogar eine Entscheidung helfen, einem Menschen als Mitmensch beizustehen. Wir kennen einige Kolleginnen, die sich auf den Weg gemacht haben, auf die letztgenannte Art zu helfen, und dies als befriedigend erleben. Und wir kennen einige Flüchtlinge, die gerade diese Art des Helfens als sehr wohltuend erleben.

Wir möchten auch empfehlen, dass Helfende Hilfesuchenden deren Mut bewusst machen. In unseren Fallgeschichten wird einerseits deutlich, welches Grauen die Betroffenen durchlitten haben und wie viel Kraft sie aufgebracht haben, um zu überleben. Es wird deutlich, wie viel an wohlwollender Begleitung und Unterstützung manche von ihnen nach der Flucht benötigen. Es geht uns darum, beides wahrzunehmen: das Leidvolle und daneben auch Resilienz und Ressourcen. Wichtig ist abzuwägen, was in den Blick genommen werden sollte und welche Hilfe unsererseits sinnvoll ist. Hier einige Beispiele, die in weiteren Kapiteln ausführlich beschrieben werden[7]:

Trotz jahrelanger Folter war Herrn Okekes Ja zum Leben nicht gebrochen worden. Er trug eine immense innere Kraft in sich, die ihn nie hat aufgeben lassen, weder unter Folter noch unter sehr schweren Bedingungen während seines Asylverfahrens. Er hat den Blick nach vorne gerichtet und sein Leben im Rahmen seiner Möglichkeiten immer selbst »in die Hand genommen«. Trotz einer großen kulturellen Entfernung lernte der Therapeut in der Behandlung von Frau Mulumba, dass uns als Menschen mehr eint, als uns die unterschiedliche Sozialisierung entfremden mag – Mensch bleibt Mensch. Hinter einer komplexen dissoziativen Symptomatik schlummerten viel Kraft und Entschlossenheit, sich für die eigenen Kinder und für das eigene Leben einzusetzen. Durch eine Behandlung, in der auch die therapeutisch sehr wirkungsvollen Möglichkeiten fachlicher Stellungnahmen genutzt wurden, ließen sich zuvor vergessene Fähigkeiten zur Selbstfürsorge und Selbstorganisation wieder freilegen. Nebenbei durfte in die bunte und energiegeladene kongolesische Kultur eingetaucht werden, und es ließ sich erspüren, wie viel Entschlossenheit und Lebenswillen in dieser Frau stecken, die trotz Traumatisierung für ihre Familie tagtäglich gegen Armut und Widrigkeiten gekämpft hatte.

Dank seiner großen Ressourcen konnte Herr Ibrahimi innerhalb kurzer Zeit zurück in seinen Beruf, was zeigt, dass es Fälle gibt, bei denen auch eine Kurzzeittherapie schon vieles bewirken kann.

In der Behandlung von Yohannes durfte der Therapeut erleben, wie ein junger Mann, der nicht mehr an die Güte von Menschen glauben konnte, seine Fähigkeit zu vertrauen zurückerlangte. Es ermutigte zu sehen, wie der Funken des Vertrauens und der Hoffnung im Rahmen einer ehrlichen, respektvollen und vertrauensvollen therapeutischen Beziehung wieder an Kraft gewann. Es erin-

7 Vorbemerkung zu allen Behandlungserfahrungen: Im gesamten Text sind Daten und persönliche Angaben anonymisiert

nert an die Worte Nelson Mandelas: »Die Güte des Menschen ist eine Flamme, die zwar versteckt, aber nicht ausgelöscht werden kann.«

In der Begleitung von Frau Hasani hat es der Therapeutin Hoffnung gegeben, dass in einer Frau, die 17 Jahre in absoluter Zurückgezogenheit gelebt hatte, ganz langsam Mut und Vertrauen wachsen konnten und die Teilhabe am sozialen Leben möglich wurde. Obwohl die Patientin die Bearbeitung ihres Traumas ablehnte, gab es der Therapeutin Mut zu merken, dass auch durch die therapeutische Beziehung viel Heilsames bewirkt werden konnte.

Für Herrn Zivko öffnete die Therapie die Möglichkeit, sich mit dem so oft tabuisierten Thema der innerfamiliären Gewalt und Zwangsehen zu beschäftigen. Der Therapeutin hat Mut gegeben, dass sie den verborgenen Schutzcharakter der Zwangserkrankung des jungen Mannes bald verstehen konnte. Seine Erkrankung schützte ihn vor der Zwangsverheiratung, die von der Familie als ein Weg gesehen wurde, ihm zu helfen. Für ihn war aber die Intimität mit einer Verwandten unvorstellbar. Die Therapeutin wurde auf Schicksale von Männern aufmerksam, die, wahrscheinlich häufiger als von ihr bisher angenommen, zwangsverheiratet werden.

Die Therapie mit Herrn Ahmed bereicherte durch wunderschöne Metaphern und kraftgebende Geschichten aus einer reichen und weltoffenen Kindheit. Der Therapeut durfte zwischenzeitlich zum Schüler dieses historisch und gesellschaftspolitisch gebildeten Arbeiters werden und erleben, wie dieser Rollenwechsel dem Patienten half, seine inneren Reichtümer wieder spüren und nutzen zu können.

Eine Herausforderung kann es sein, wenn Menschen sich zwar aus Trauerzuständen lösen möchten, jedoch ohne ihre bisherigen kulturellen Überzeugungen zu verletzen. Es stellt sich dann die Frage, welche angemessenen Formen des Wiederfindens von Freude möglich sind, die nicht unbedingt immer unseren entsprechen! Das kann herausfordernd sein.

Es trifft nicht immer zu, dass man die Sprache der anderen gut sprechen können muss (siehe Beispiel S. K. Seite 32) oder dass Geflüchtete ein sehr gutes Deutsch sprechen müssen (siehe Beispiel L. J.

Seite 116 ff.). Was benötigt wird, ist einerseits Respekt vor der Differenz, d. h. vor den Unterschieden, was übrigens in jeder Psychotherapie wichtig ist und in jeder zwischenmenschlichen Begegnung! Und andererseits ein freundlicher Blick auf alles, was uns alle miteinander verbindet. Schließlich Respekt vor Erfahrungen, die uns nur von den Betroffenen selbst erklärt werden können, weil wir entweder das Glück hatten, sie nie gemacht haben zu müssen oder sie in dieser Form nicht gemacht haben. Es braucht die Bereitschaft, Schubladendenken aufzugeben und neue Räume zu betreten.

Jede und jeder von uns fühlt sich besonders herausgefordert, wenn offensichtlich zutage tritt, dass es Klienten nicht besser gehen »darf«. Zum Beispiel diejenigen, die Kinder oder auch alte Eltern in unsicheren Situationen zurückgelassen haben. Oder auch solche, die reale Angst um Angehörige haben oder Angehörige von Verschollenen sind.

Wir gehen davon aus, dass wir, um diese Anliegen zu erfüllen, Mitgefühl und Gerechtigkeitssinn benötigen. Mitgefühl scheint inzwischen »angekommen« zu sein. Es sollte nicht nur den Patientinnen und Patienten gelten, sondern auch uns selbst, um unsere Grenzen freundlich anerkennen zu können.

Der Hirnforscher Fabrizio Benedetti[8] schrieb, dass Hoffnung zu haben für Patienten und deren Heilung wichtig ist und – das ist uns besonders wichtig! – dass es der mitfühlende Arzt oder die mitfühlende Ärztin ist und alle Begleitenden, die Hoffnung bei ihren Patientinnen durch ihr Mitgefühl hervorrufen. Wir ergänzen: wenn die Patienten oder Begleiteten es zulassen können! Es scheint eine direkte Verbindung zwischen Hoffnung und Mitgefühl im Prozess der Behandlung und ggf. Heilung oder auch Linderung zu geben.

Hoffnung zu haben ist etwas, das Möglichkeitsräume eröffnet, und zwar jetzt, nicht in einer nicht beeinflussbaren Zukunft.

Unsere Erfahrung mit zahlreichen traumatisierten Menschen ist, dass viele sich immer schon mit heilkräftigen Vorstellungen getröstet

8 Benedetti, F.: The Patient's Brain: The neuroscience behind the doctor-patient relationship. Oxford University Press, 2011

und so Hoffnung/Vertrauen und Mut geschöpft haben, um zu überleben.

Bei aller Diskussion, die über »falsche Signale« geführt wird, sollten wir aus therapeutischer Sicht bedenken, dass das Hoffen-Können auf ein Leben in Sicherheit in einer stabilen Demokratie ein großer Resilienzfaktor sein kann. Überhaupt die Kühnheit zu besitzen, an einen Ort der – zumindest relativen – Freiheit, Sicherheit, Menschlichkeit und Fairness zu glauben, wenn die täglichen Erfahrungen im Heimatland – und leider manchmal auch im Land der Zuflucht – nur zu zeigen scheinen, dass Menschen missgünstig, brutal und egoistisch sind, ist an sich bereits ein Wunder. So können Patient und Therapeutin gemeinsam Hoffnungsanker finden.

Es geht darum, Hoffnung zu nähren, wenn sie bereits da ist; häufig aber auch, erst einmal Räume für Hoffnung zu eröffnen. Dazu ist es wichtig, dass wir selbst Hoffnung haben, denn wir können sie kaum ermöglichen und fördern, wenn wir selbst hoffnungslos sind.

Hoffnung wird erleichtert, wenn Begleitende präsent sind, sich Zeit nehmen und wenn sie Informationen auf mitfühlende, aufrichtige und respektvolle Art geben und sich zugewandt verhalten. Fürsorgliches Verhalten wie achtsame Gesten und Warmherzigkeit und Echtheit fördern ebenfalls Hoffnung.

In der Psychotherapieforschung sind es Forscher wie Bruce Wampold[9], die nicht müde werden, darauf hinzuweisen, dass es die therapeutische Beziehung ist, eine therapeutische Beziehung, die vor allem dazu dient, die Selbstheilungsmöglichkeiten oder die salutogenetischen Faktoren herauszuarbeiten, die viel mehr zum Erfolg einer Behandlung beitragen als irgendeine Methode oder Technik – Wampold spricht von »common factors«. Demnach ist es wichtig, dass Behandlerinnen und Begleitende so für sich und die, die sie begleiten/behandeln, sorgen, dass Hoffnung und vor allem Mitgefühl auf welche Art auch immer stets zugänglich sind.

9 Wampold, B. E., Imel, Z. E. (2015): The Great Psychotherapy Debate: The Evidence for What Makes Psychotherapy Work (Counseling and Psychotherapy) 2nd Edition Routledge

Wir möchten an dieser Stelle an die Erzählung vom barmherzigen Samariter erinnern. Der Samariter entstammte einem fremden Volk, nämlich dem als religiös minderwertig angesehenen, verachteten Nachbarvolk. Und das bedeute ja wohl, meint Steinkamp, »dass Christen Compassion (auch) von anderen lernen können«. Wir könnten miteinander erfahren, dass Compassion kein christliches »Sondergut« ist, sondern ein »Geschenk des Himmels« an alle Menschen, »die guten Willens« sind. Compassion ist das lateinische oder auch englische Wort für Mitgefühl[10]. Daraus ergibt sich auch die Frage:

Können wir allen helfen?

Im Kontext unseres gemeinsamen Nachdenkens über unsere Begegnung mit Geflüchteten kam immer wieder die Frage auf, wie weit unsere Verpflichtung geht, andere (Fremde) zu unterstützen, und wir bemerkten, dass wir uns oft in einem Zwiespalt befanden.

Können wir freundlich mit uns sein und doch versuchen, uns in die Not anderer einzufühlen? Wollen wir uns fragen, ob wir Liebgewordenes ein wenig zur Seite schieben wollen? Würde uns das vielleicht sogar Freude machen? Es kommt auch die Frage auf: Was hat wirklich Bedeutung für mich? Was halte ich für wesentlich im Leben?

Wir bemerkten, dass es um Ohnmachtsgefühle gehen kann und dass es helfen könnte, sich zu fragen, ob man sich wirklich ohnmächtig fühlen muss, wenn man nicht die Welt retten kann. Es kann bereits helfen, sehr genau hinzuschauen; sich nichts vorzumachen, die eigenen Grenzen zu respektieren. Aber vielleicht fühlt es sich manchmal gut an, wenn ich meine Grenzen ein wenig überschreite?

Vielleicht ist es aber auch gar nicht nötig, die eigenen Grenzen zu überschreiten, um helfen zu können. L. J. empfindet, dass Menschen,

10 Steinkamp, H. (2008): Compassion als diakonische Basiskompetenz in: Arbeitspapiere aus der Evangelischen Fachhochschule Darmstadt Nr. 10 – Juni 2008, S. 25–36

deren wertvolle Hilfe sie als Geflüchtete erfuhr, nicht unbedingt ihre eigenen Grenzen überschritten haben. Vielmehr haben sie den ihnen auferlegten Grenzen die Stirn geboten, indem sie manchmal nur einfach ihre Meinung gesagt haben (siehe Beispiel Frau Schiller). Das half auch und machte vor allem Hoffnung, dass es noch mehr dieser Menschen gibt, die bereit sind, sich zu widersetzen, wenn sie Unrecht sehen.

Unsere Grundhaltung

Wir fragten uns, was im Zusammenhang mit Helfen ein »Tropfen auf den heißen Stein« eigentlich heißt. Wörtlich genommen heißt es ja wohl, dass alles verpufft, keinerlei Wirkung zeigt. Vielleicht würde es helfen, sich so realistisch wie möglich klarzumachen, dass auch kleine Dinge, z. B. ein einmaliges Gespräch, einiges bewirken kann. Das ist nichts Großes, aber eben doch etwas, was nicht verpuffen muss, sondern Wirkung zeigen kann. Es wurde uns immer klarer, dass es um das Zurückschrauben von großen Ansprüchen geht und um eine würdevolle Anerkennung dessen, was uns möglich ist.

Wir bemerkten, dass für uns neben Mitgefühl Gerechtigkeit eine zentrale Bedeutung hat[11]. Wenn wir uns als Erwachsene mit Gerechtigkeit gegenüber unseren Weltgeschwistern befassen, sollten wir uns eingestehen, dass es in der Tat sehr viel Ungerechtigkeit gibt, und uns gegebenenfalls fragen, inwieweit es helfen könnte, sich mehr politisch zu engagieren, und dass wir diesen Mangel an Engagement für soziale Fragen nicht mit Beratung oder Psychotherapie – wenn überhaupt – ausgleichen können[12]. Wir sind aktuell privilegiert, und nicht zuletzt deshalb entscheiden wir uns, uns zu engagieren. Das Ergebnis des Engagements kann in der Flüchtlingshilfe

11 Reddemann, L., Wetzel, S. (2017): Mögen alle Wesen glücklich sein: Mitgefühl und Gerechtigkeit neu entdecken. Patmos

12 Dazu z. B. ausführlich Jean Ziegler (2015): Ändere die Welt. Bertelsmann, München

immer nur begrenzt sein. Daher ist es uns wichtig, die eigenen Grenzen dessen zu erkennen, was uns möglich ist, um nicht zu resignieren. Artikel 1 des deutschen Grundgesetzes halten wir für eine bedeutsame Ermutigung[13].

Mitgefühl[14] hat damit zu tun, dass man spüren kann, wie es einem anderen geht, und dass man Hilfreiches – Heilsames heißt es auch – bewirken will. Dabei sollte aber die Freundlichkeit sich selbst gegenüber nicht unter den Tisch fallen. Ehrlich mit sich sein, sich nicht größer und großzügiger machen wollen, als es eben geht, hat Bedeutung.

Ohne dass wir uns vorstellen können, was gut ist für uns selbst und andere, können wir nicht gerecht sein. Dankbarkeit als eine Empfindung, die erkennen lässt, dass andere uns wohltun, kann das Bedürfnis fördern, dafür zu sorgen, dass es allen gut gehen sollte.

Mitgefühl bedeutet demnach nach heutiger, hauptsächlich vom Buddhismus, aber auch von der neurobiologischen Forschung beeinflussten Definition: Einfühlung ins Leiden plus der Wunsch, Heilsames zu bewirken, also auch zu handeln.

Für diesen mitfühlenden Umgang stellen wir hier konkrete Praxisbeispiele zur Verfügung, die deutlich machen können, dass es immer um eine sehr individuelle Begegnung geht. Wir zeigen auf, dass wir immer wieder an unsere Grenzen gestoßen und wie wir damit umgegangen sind; aber auch, wie viel Freude an unseren Begegnungen und Begleitungen/Behandlungen uns geschenkt wurde.

Es geht also darum, für uns selbst und andere Sorge zu tragen. Dabei geht es auch um die Fähigkeit, sich eine Vorstellung vom Guten machen zu können. Und dass wir Verbundenheit mit anderen Menschen erkennen und zulassen können. Das heißt, es ist sinnvoll, sich

---

13 Artikel 1
(1) Die Würde des Menschen ist unantastbar. Sie zu achten und zu schützen ist Verpflichtung aller staatlichen Gewalt.
(2) Das Deutsche Volk bekennt sich darum zu unverletzlichen und unveräußerlichen Menschenrechten als Grundlage jeder menschlichen Gemeinschaft, des Friedens und der Gerechtigkeit in der Welt.

14 A. a. O., Reddemann, L., Wetzel, S. (2017)

immer wieder Zeit zu nehmen für die Frage: Wie will ich leben und arbeiten, wer will ich sein? Und sich so wenig wie möglich mit anderen zu vergleichen. Wenn ich freundlich mit mir bin, kann ich spüren, was sich für mich gut anfühlt zu tun. Ich muss meine Grenzen erkennen und aushalten lernen. Trotzdem kann man sich fragen, ob es gerecht zugeht auf der Welt, und die Antwort ist sicher »Nein«. Und dann geht es um die Frage, wie viel kann ich zur Gerechtigkeit beitragen, ohne mir selbst gegenüber – vor lauter Moral – ungerecht zu werden.

Umgang mit dem Fremden

»Warum müssen sich alle immer anpassen? Es würde doch reichen, wenn wir einander friedlich ignorieren«. Dies war die Überschrift eines Artikels in der »ZEIT«[15], die uns nachdenklich gestimmt hat. Nicht jeder sei in der Lage, perfekt Deutsch zu lernen. Man müsse das nicht gleich als Missachtung der deutschen Gesellschaft empfinden. Sophia Bogner spricht vom »eigenen Raum«, der »als Voraussetzung für Emanzipation, Partizipation und Gleichberechtigung« gelten sollte: »In einer Demokratie sollte das nicht diffamiert, sondern als emanzipatorische Geste gefeiert werden.« Wir interpretieren das so, dass wir Migranten in ihrer Eigenart respektieren und ihnen nicht unsere Vorstellungen überstülpen sollten. Und dass wir Lebensarten von Menschen mit Migrationsbiografie, auch wenn sie sich von unseren stark unterscheiden, respektierend wahrnehmen sollten. Wir sollten nicht versuchen, ihnen unsere Vorstellungen – auch hinsichtlich des Spracherwerbs – aufzuzwingen. Wir sollten dies vor allem nicht zu einer absoluten Ausschlusskategorie für eine Begleitung machen. Gleichwohl finden wir es sehr berechtigt, ebenso Respekt für unsere Lebensart und Vorstellungen zu erwarten.

Es muss gesagt werden, dass manche Menschen, auch sozial engagierte, sich manchmal selber fremd sind, ihre »dunklen Seiten« nicht genug kennen. Diese projizieren sie dann auf andere, Fremde.

---

15 Sophia Bogner in »Die ZEIT« vom 30. Mai 2018, S. 52

So scheint man sich entlasten zu können, obwohl man Entfremdung fortschreibt. Oder, noch einmal etwas anders formuliert, meint Heinrichs, dass es eine zentrale psychoanalytische Erkenntnis sei, dass Menschen Fremdheit bei sich selbst gerne »weit nach außen verlagern und die an sich selbst erfahrene Dunkelheit, das innere Ausland, wie es Freud nannte, zu verleugnen versuchen. In diesem Spannungsfeld von innerer und äußerer Fremdheit werden entscheidende, oft katastrophische Weichen für Konflikte, Hass und Krieg gestellt.«

Es stimmt uns nachdenklich, wenn Heinrichs meint, dass das Verwenden eines Begriffs wie dem der »Normalität« bereits kulturellen Mustern folgt. Er weist darauf hin, dass »ein Großteil unserer Fehlinterpretationen dadurch zustande kommt, dass wir das uns als fremdartig Erscheinende auch als fremdartig deuten und dadurch in seiner Normalität verkennen«[16].

»Wir schaffen das«, der Satz der Bundeskanzlerin Angela Merkel im Sommer 2015, war natürlich eine sehr pauschale Aussage. Wenn wir Verantwortung für unser Denken, Fühlen und Handeln übernehmen, können wir diesen Satz jedoch selbst mit entsprechendem Leben füllen.

Wir werden anhand von Fallgeschichten versuchen, exemplarisch deutlich zu machen, dass es nicht *die Strategie* für Begegnungen mit Geflüchteten gibt, sondern dass es die Bereitschaft zu einem möglichst offenen Sich-Einlassen braucht. Jede der Fallgeschichten reflektieren wir als Autorengruppe gemeinsam und stellen unsere Einsichten jeweils in einer Zusammenfassung zur Verfügung.

Wir wollen uns mit folgenden Themen explizit und implizit befassen:

Zunächst mit Behandlungserfahrungen, die zur »therapeutischen Selbstreflexion« einladen und immer wieder auf Themen unseres eigenen Befremdens eingehen, die uns zur Einsicht führen, dass »Mensch Mensch bleibt«.

Es soll auch um uns besonders wichtige Aspekte therapeutischen Handelns gehen, die sich nicht an gängige Standards halten.

16 Heinrichs, H. J., Hg. (2018): Das Fremde verstehen. Vorbemerkung zur Neuauflage

Wir wählen dazu ganz unterschiedliche Beispiele: plaudern, aushalten, Mitgefühl, Vertrauen, wie konkrete Unterstützung aussehen könnte und wie eine Therapie der kleinen Schritte hilft.

Wir möchten den Blick lenken auf die Themen, den ganzen Menschen zu sehen und dessen Ja zum Leben.

Dies bedeutet, dass auch ein schwer leidender Mensch mehr ist als sein Leiden und wir ihn einladen können, das zu erkennen, vorausgesetzt, dass sie oder er das will. Insoweit liegt uns »beidäugiges Sehen«[17] am Herzen, also das Schlimme zu würdigen und auch alles, was jeweils zum Überleben geholfen hat. Damit unterstützen wir den Wunsch nach einem »guten Leben«.

Abschließend werfen wir mit einem Kapitel auf das »deutsche Befremden« einen Blick auf die deutsche Geschichte und ihre Auswirkungen in der Gegenwart, um einige psychohistorische Zusammenhänge deutlich zu machen.

Ein Wort noch zur weiblich-männlichen Schreibweise: Wir verwenden abwechselnd maskuline und feminine Endungen, sprechen also mal von Patientin, mal von Patient, ebenso von Therapeutin und Therapeut usw., wie es in der psychotherapeutischen Praxis eben vorkommt.

---

17 Fürstenau, P. (2002): Neue therapeutische Welt durch beidäugiges diagnostisch-therapeutisches Sehen. Vortrag 52. Lindauer Psychotherapiewochen

KAPITEL 1

Sich Begegnung (zu)trauen

1.1 Was Sie erwartet

Wir nähern uns diesem Thema auf verschiedene Arten: Zuerst geht es um den ersten Kontakt einer deutschen Psychotherapeutin mit einem Geflüchteten, den wir Herr Okeke nennen, in einer niedergelassenen Psychotherapiepraxis, sodann um eine erste Begegnung eines männlichen Therapeuten mit einer Patientin, die wir Frau Mulumba nennen, und schließlich um eine »etwas andere Begegnung«, nämlich die Erfahrung einer Geflüchteten in der Rolle der professionellen Therapeutin mit ihrer ersten deutschen Klientin mit Flucht- und Kriegserfahrungen, die wir hier Frau Schiller nennen. Auch sprachliche Schwierigkeiten und weitere Herausforderungen des Verstehens kommen zur Sprache.

Wir möchten Beispiele geben, wie trotz eigenem Befremden, ja höchstwahrscheinlich sogar eigenen Vorurteilen, eine offene und menschliche Begegnung gelingen kann. Den eigenen Bedenken vor kulturellen Unterschieden neugierig und auch manchmal selbstkritisch zu begegnen, ermöglicht aus unserer Sicht eine gelingende therapeutische Beziehung und stellt gleichzeitig eine bereichernde Selbsterfahrung dar.

Wir halten die folgenden Worte für unsere Arbeit für hilfreich:

»Die Welt ist nicht so simpel, wie man es uns oft glauben machen will. Die Umrisse sind ungenau, was wirklich zählt, sind die Schattierungen. Nichts ist entweder schwarz oder weiß, das Böse kann eine Verkleidung des Guten oder der Schönheit sein und umgekehrt, und das eine muss das andere nicht ausschließen. Ein Mensch kann lieben und den geliebten Menschen trotzdem hintergehen … Ein

Mann kann gleichzeitig Vater, Bruder, Sohn und Geliebter sein – Opfer und Henker … Es gibt unendlich viele Möglichkeiten … Jede Grenze ist künstlich …« (Pèrez-Reverte)[18]

1.2 Erste Begegnung mit Herrn Okeke

Simone D. Kaster

Als ich das erste Mal einen geflüchteten Klienten übernahm, hatte ich nur wenig Zeit zur Vorbereitung: es erreichte mich ein Anruf aus dem Psychosozialen Zentrum für Flüchtlinge (PSZ), es gäbe einen französisch-sprachigen Geflüchteten aus Kamerun (Herkunftsland geändert), der Stabilisierung brauche. Nun war zwar Französisch die erste Fremdsprache gewesen, die ich neun Jahre lang auf dem Gymnasium gelernt hatte, jedoch leider auch ausgerechnet die Sprache, die ich am wenigsten aktiv nutzte. Ich suchte mir zur Vorbereitung einige Vokabeln heraus, von denen ich glaubte, sie könnten im Verlauf des Gespräches wichtig sein (Fluchtweg, Bootsflüchtling etc.), und legte mir ein paar Sätze zur Begrüßung und Vorstellung zurecht.

Vor der ersten Sitzung war ich zugegebenermaßen etwas nervös: Ich wusste nichts weiter über den Geflüchteten, als dass er aus Kamerun käme und traumatisiert sei. Was würde mich erwarten? Wie würde der Mann auf mich zugehen und wie sollte ich auf ihn zugehen? Würde etwas anders sein als bei meinen sonstigen Klientinnen in der Praxis? Wie würde es mit der Verständigung gehen? Würde ich mir zu viel zumuten und meine Sprachkenntnisse aus der Schulzeit, die nun doch viele Jahre zurücklag, überschätzen?

Eine Sache war vorab schon anders als sonst, da ich mir eine Frage stellte, die ich mir sonst in der Praxis nie stelle: Wie soll ich meinen Klienten begrüßen? Was wäre angemessen? Sollte ich ihm die Hand reichen? Würde er sie ergreifen? Wäre ihm das unangenehm oder befremdlich? Ich wusste zu wenig über die traditionelle Kultur der

18 Pèrez-Reverte, A. (2015): Das Geheimnis der schwarzen Dame. Insel, kindle Ausgabe

Begrüßungs- und Abschiedsrituale in Kamerun. Mir war nur bewusst, dass es nicht in allen Kulturen Brauch ist, dass sich Männer und Frauen zur Begrüßung die Hand reichen. Wie war es in Kamerun? Ich wusste zwar, dass mein Klient Moslem ist, aber das allein war kein Hinweis darauf, ob es ihm unangenehm sein würde, meine Hand zur Begrüßung zu nehmen. Gleichzeitig wunderte ich mich über mich selbst, über meine Unsicherheit, dass ich mir ernsthaft solche Fragen stellte, und merkte, wie ich innerlich auch mit dem Gedanken kämpfte, dass es nun mal zu unserer westlichen Kultur gehört, sich zur Begrüßung die Hand zu reichen. Sollte ich mich anpassen? Oder konnte ich das von meinem Klienten erwarten, vorausgesetzt, für ihn wäre das überhaupt eine befremdliche Geste? Ehrlich gesagt konnte ich diese Fragen und meine eigene Unsicherheit vor dem ersten Termin für mich nicht klären, und als wir uns dann zum ersten Mal gegenüberstanden, streckte ich ihm zur Begrüßung intuitiv die Hand entgegen, und er nahm sie völlig selbstverständlich an.

Ich bereitete den Raum für unsere erste Sitzung vor, stellte etwas zu trinken bereit und wartete auf, nennen wir ihn, Herrn Okeke, der pünktlich zu unserem Termin kam.

Wieder entschloss ich mich intuitiv, ihn mit »Monsieur« und seinem Nachnamen anzusprechen. Er war sehr zurückhaltend, drückte mir kurz und kraftlos die Hand, wich meinem Blick aus und wählte den Sessel direkt neben der Eingangstür. Er lehnte mein Angebot, ihm Wasser oder Tee einzuschenken, dankend ab, zog seine Winterjacke trotz warmer Raumtemperatur während der Dauer unseres Termins nicht aus und hielt seinen Rucksack, in dem er all seine wenigen Habseligkeiten immer mit sich trug, fest mit den Händen umklammert auf seinem Schoß. Auf mich wirkte es so, dass er jederzeit bereit sein wollte, aufspringen und weglaufen zu können. Seine innere Unruhe war für mich deutlich spürbar, und ich besann mich darauf, in dieser angespannten Atmosphäre von Unruhe und Misstrauen selbst ruhig und bei mir zu bleiben und nichts anders zu machen als sonst auch in einem Erstgespräch.

Nun saß Herr Okeke mir gegenüber, und ich musste mit meinen

Französischkenntnissen loslegen, denn es blieb keine Zeit für lange Überlegungen hinsichtlich Formulierungen oder korrekter Grammatik. Natürlich stockte ich immer mal wieder und suchte nach Worten, was aber für Herrn Okeke kein Problem darstellte. Ich merkte, dass er es sehr zu schätzen wusste, dass ich mich bemühte, ihm sprachlich entgegenzukommen und ihn zu verstehen. In Momenten, in denen mir das richtige Wort nicht einfallen wollte, konnten wir in die englische Sprache wechseln. Jedoch war ich bemüht, so gut es ging mit ihm französisch zu sprechen. Herr Okeke half mir auch »auf die Sprünge«, wenn er schon aus dem Kontext verstanden hatte, nach welchem Wort ich suchte. Da Französisch auch für ihn eine erlernte Zweitsprache war, konnte er in diesen Momenten die Erfahrung seiner eigenen Kompetenz machen. Ja, es war anstrengend, aber es ging viel besser, als ich erwartet hatte. Natürlich brauchte es meinerseits viel mehr Konzentration als eine Sitzung in meiner Muttersprache.

Trotzdem möchte ich jeden ermutigen, die eigenen Fremdsprachkenntnisse einzusetzen, auch wenn das Gespräch dann manchmal »holprig« wird. Für unseren Beziehungsaufbau war es sehr wichtig, dass ich mich auch sprachlich bemühte, und Herr Okeke wusste dies durchaus von Anfang an zu schätzen.

Im Laufe der Therapie lernte er so gut Deutsch, dass er ab einem gewissen Zeitpunkt mit mir in meiner Muttersprache sprechen wollte, und ich freute mich wiederum sehr über sein Bemühen.

Zeitweise zog ich eine Sprach- und Kulturmittlerin hinzu, da Herr Okeke für sein Asylverfahren vor dem Verwaltungsgericht eine psychotherapeutische Stellungnahme brauchte. Für die Stellungnahme war es wichtig, die Details seiner traumatischen Erfahrungen und seiner Fluchtgeschichte genau zu verstehen und auch die feinen Nuancen in seiner Wortwahl wahrzunehmen. Die Arbeit mit einer Dolmetscherin im therapeutischen Setting war damals für mich ebenfalls eine neue Erfahrung. Um den Kontakt in den Übersetzungspausen nicht abreißen zu lassen, hielt ich immer Blickkontakt zu meinem Klienten, auch wenn er selbst die Dolmetscherin ansprach und sie dabei anschaute oder sie mir übersetzte. Während der

Pausen, die durch die Übersetzungen entstanden, konnte ich in Ruhe seine Mimik, Gestik, Körpersprache und -haltung sowie Veränderung des Sprechtempos etc. beobachten und meinen Eindruck verdichten. Daher empfand ich die Zusammenarbeit mit Sprach- und Kulturmittlern von Anfang an als unproblematisch und sogar bereichernd, da ich in den Übersetzungspausen viele Eindrücke sammeln konnte.

Er nannte mich »Madame Simone«, ich blieb die ganze Therapie über bei der Anrede »Monsieur Okeke«, seinem Nachnamen. Die Sprach- und Kulturmittlerin erklärte mir zwar, dass es in Kamerun üblich sei, ihn einfach »Okeke« zu nennen, und dass es für ihn durchaus nicht befremdlich sei, wenn auch ich diese Anrede wählen würde. Jedoch wollte ich ihm auch durch die Art der Anrede Respekt und Wertschätzung zeigen in der Form, wie es in Deutschland üblich ist, da ich fand, dass dies in seinem Fall besonders wichtig war. Als Folteropfer hatte er jahrelang Demütigungen und Erniedrigungen erlebt, und nun wurde er hier in Deutschland vonseiten einiger Bewohner in seiner Flüchtlingsunterkunft diskriminiert, da er in der Unterkunft der einzige Geflüchtete mit dunkler Hautfarbe war.

Sein Misstrauen allen Menschen und auch mir gegenüber hielt viele Wochen an. Als er nach ca. fünf Sitzungen seine Winterjacke das erste Mal auszog und seinen Rucksack zur Seite stellte, wusste ich, dass wir im Beziehungsaufbau einen großen Schritt geschafft hatten. Erschwerend war in diesen ersten Wochen auch, dass ich ihm viele direkte Fragen bezüglich seiner traumatischen Erfahrungen stellen musste, da ich nicht mehr viel Zeit hatte für die Stellungnahme in seinem laufenden Gerichtsverfahren. Allerdings war es mir wichtig gewesen, dies mit ihm zuvor zu besprechen, auch dass ich ihm viele Fragen würde stellen müssen, und holte mir dafür ausdrücklich sein Einverständnis ein.

Deutlich war, wie gut es ihm trotz der Schwere der Thematik tat, endlich einen Rahmen zu haben, in dem er frei über seine Jahre im Gefängnis in Kamerun erzählen konnte, ohne dass seine Erzählungen angezweifelt wurden. Er zeigte mir ungefragt die Narben an seinen Beinen und seinen zertrümmerten Ellbogen, da er bisher die

Erfahrung gemacht hatte, dass man ihm ohne Beweise nicht glauben würde. Zwar stockte er immer wieder im Erzählen und war oft kurz davor zu dissoziieren, aber es gelang mir immer wieder gut, ihn mit der Ansprache »Monsieur Okeke« und der Aufforderung, etwas zu trinken, wieder ins Hier und Jetzt zurückzuholen. Er weinte, und wir hielten gemeinsam die Schwere aus. Wir waren fassungslos über die Grausamkeiten, zu denen Menschen fähig sind. Wir wurden wütend über die Ungerechtigkeit und Demütigungen, die ihm widerfahren waren, und dass niemand dafür zur Rechenschaft gezogen werden würde. Wir trauerten um sein altes Leben, das er zurücklassen musste, seine Familie, seine Freunde und seinen Beruf, den er jetzt nicht mehr ausüben konnte. Wir freuten uns, dass er überlebt hatte. Wir konzentrierten uns darauf, ihn auch in seiner immensen Kraft und seinen vielfältigen Ressourcen zu sehen. Und wir suchten einen Sinn, warum es sich trotz allem lohnte, jetzt die Ungewissheit des Asylverfahrens weiter auszuhalten, und was auch immer vom Verwaltungsgericht entschieden würde, weiterleben zu wollen.

Als Therapeutin hielt ich mit ihm über eineinhalb Jahre die Unsicherheit und Angst aus, bis das Verwaltungsgericht über sein Asylverfahren entschieden hatte und er endlich die Nachricht bekam, dass er in Deutschland bleiben durfte. Ich versuchte, ihm in dieser schweren und langen Zeit immer wieder Mut, Hoffnung und Zuversicht zu vermitteln[19].

Am Ende der Therapie sagte er mir, er habe in unseren Sitzungen zum ersten Mal seine Erlebnisse erzählen können, ohne das Gefühl gehabt zu haben, Beweise für seine Glaubwürdigkeit liefern zu müssen. Der Grund, warum er Hilfe gesucht habe, sei der gewesen, dass er große Angst gehabt habe, verrückt zu werden. Er habe damals nicht geglaubt, dass er irgendwann wieder ein normales und angstfreies Leben führen könne. Zwar sei es ihm zu Beginn schwergefallen, meinen geduldigen und wiederholten Erklärungen zu glauben, dass seine Träume, sein Aufschrecken, seine Unruhe etc. ganz nor-

19 S. Kaster, S.D. (2018): Grenz-Erfahrungen – Existenzanalytische Psychotherapie mit Geflüchteten, Existenzanalyse, 35/2, GLE

mal seien, wenn man so etwas Schlimmes erlebt habe wie er und dies keine Anzeichen von Verrückt-Werden seien. Aber er habe gemerkt, wie im Laufe unserer Gespräche eine Verbesserung eingetreten sei, und er habe es aufgrund meiner Erklärungen besser einordnen können, wenn er nachts wieder aufgeschreckt sei. Er verspüre große Dankbarkeit, dass ich die lange Zeit der Unsicherheit mit ihm gemeinsam ausgehalten und ihm immer wieder in seine Kraft geholfen habe.

Herr Okeke spricht heute sehr gut deutsch, lebt in einer eigenen Wohnung und geht einer geregelten Arbeit nach.

Zusammenfassung:

In dieser Begegnung ging es für die Therapeutin um den Mut, sich auf viel Fremdes einzulassen und offen zu sein für ungewohnte Erfahrungen. Für den Beziehungsaufbau war es wichtig, dass sich die Therapeutin sprachlich bemühte, aber auch eine Sprachmittlerin wurde gebraucht. Die Therapeutin war gefordert, das Misstrauen des Klienten zu akzeptieren, und vermutlich genau deshalb war es dem Klienten möglich, über seine traumatisierenden Erfahrungen zu sprechen, was ihn sehr erleichterte. Besonders wichtig war, dass ihm geglaubt wurde. Der Klient signalisierte Dankbarkeit dafür, dass mit ihm Zeiten der Unsicherheit ausgehalten wurden, was ihm Kraft gab.

1.3 Erste Begegnung mit Frau Mulumba

Christian Gerlach

Ich erinnere mich noch gut an eine Patientin aus dem Kongo, nennen wir sie Frau Mulumba. Eine Sozialpädagogin aus dem Psychosozialen Zentrum für Flüchtlinge Düsseldorf (PSZ) bat mich, mit ihr einige Termine zu vereinbaren, da es Frau Mulumba sehr schlecht ging und eventuell auch eine längere therapeutische Stellungnahme für das Asylverfahren notwendig war. Ich arbeitete damals als therapeutische Honorarkraft im PSZ Düsseldorf, wodurch sich die Möglichkeit ergab, dass die Sozialpädagogin uns einander vorstellte. Ich wusste, dass die Patientin massive sexualisierte Gewalt erlebt hatte, und machte mich darauf gefasst, als männlicher Therapeut zunächst besonders viel Vertrauen aufbauen zu müssen. Umso erstaunter war ich, als Frau Mulumba mich bei der Vorstellung nur kurz kritisch ansah, nickte und dann weiter in ihrer Handtasche wühlte. Als hätte die Sozialpädagogin gesagt: »Das hier ist übrigens unser Hausmeister, lassen Sie sich nicht davon stören, dass er an der Heizung arbeitet.«

Als ich dann durch die anwesende Dolmetscherin übersetzen ließ, wann unser erster gemeinsamer Termin sein würde, unterbrach sie das Taschenwühlen nur gerade so lange, dass man die Ahnung bekommen konnte, sie hätte registriert, dass da jemand mit ihr gesprochen hat. Ich fragte, ob ich den Termin auf einen Zettel schreiben sollte. Die Dolmetscherin machte sich gar nicht erst die Mühe, dies zu übersetzen, und meinte, sie selbst habe den Termin notiert. Sie müsse die Patientin ohnehin direkt vor dem Termin anrufen und erinnern. Meine Verabschiedung wurde nur von der Dolmetscherin zur Kenntnis genommen, meine zukünftige Patientin hatte ihre Aufmerksamkeit zwar wieder aus ihrer Handtasche geholt, sie nun jedoch vollständig auf ihren linken Schuh gerichtet, den sie mit leicht genervter Miene auszog.

Etwas irritiert begab ich mich an die Vorbereitung der ersten Sitzung. Ich hatte schon einiges als männlicher Therapeut in einer Traumafachklinik erlebt: Patientinnen, die sich weigerten, überhaupt mit mir als Mann zu sprechen, hasserfüllte Blicke beim Erstkontakt oder aber auch überschwängliche Freude, endlich einen Therapeuten zu haben. Aber diese Form der Gleichgültigkeit war mir noch nicht begegnet. Zumal die Sozialpädagogin der Patientin gesagt hatte, dass ich als Therapeut auch eine eventuell hilfreiche Stellungnahme für das Asylverfahren (welches bis dahin alles andere als rund gelaufen war) schreiben könnte.

Ich überlegte, ob die Frau eventuell eine schwerere psychiatrische Erkrankung haben könnte – hatte sie nicht etwas von diesem Blick gehabt, mit dem einen Schizophrene manchmal anschauen? Trotz meines Versuches, sachlich an den Fall heranzugehen, bemerkte ich, dass ich mich leicht gekränkt fühlte von diesem offenkundigen Desinteresse. Ich hörte tief im Hinterkopf ein leises »wer nicht will, der hat schon« hallen. Als mir dies bewusst wurde, beschloss ich, mir und der Patientin nicht von vorneherein die Therapie durch meinen ersten Eindruck zu verbauen. Ich wusste ja noch nicht einmal, ob die Patientin überhaupt eine Idee davon hatte, was Psychotherapie ist. Statt meinen Vorbehalten zu viel Gewicht zu geben, besann ich mich, eine offene und interessierte Grundhaltung in das erste Gespräch zu tragen.

Mich beschlichen bei der Vorbereitung auch leise Selbstzweifel: Konnte ich als junger deutscher kinderloser Mann überhaupt eine kongolesische mehrfache Mutter verstehen, die in einem stark militarisierten Konflikt in großer Armut aufgewachsen war? In einer vollständig fremden Kultur und in einem Land, zu dem mir außer dem Wort »Bürgerkrieg« kaum etwas einfiel? War der kulturelle Abstand nicht viel zu groß?

Aber ich erinnerte mich auch an die Worte eines geschätzten Kollegen im PSZ Düsseldorf, mit dem ich einmal über meine Hemmungen gesprochen hatte, mit japanischen Klienten zu arbeiten, ebenfalls wegen meiner »kulturellen Unwissenheit«. Er als Therapeut mit japanischen Wurzeln, dachte ich, würde mir zustimmen, dass man als Kulturfremder in viele Fettnäpfchen treten könnte. Stattdessen hatte er mich gefragt, seit wann es uns Menschen gibt. Und egal, ob man die Menschwerdung einige hunderttausend oder wenige Millionen Jahre zurückdatiert, im Vergleich hierzu sei der Zeitraum der jeweiligen kulturellen Prägung doch ein Witz. Kurzum, Mensch ist Mensch. Wenn Menschen sich fürchten, beginnen sie zu zittern, zu schwitzen, und der Muskeltonus erhöht sich, ganz egal, auf welchem Kontinent sie geboren wurden. Und ein erleichtertes Lachen, das von Herzen kommt, spürt man sofort in seinem eigenen Herzen, egal, in welcher Sprache die Worte drumherum gesprochen werden. Die Gedanken an diese Worte stimmten mich zuversichtlich, dieser Patientin trotz aller Entfernung Hilfe anbieten zu können.

Da ich von einigen schweren Traumata in der Biografie dieser Frau wusste, sorgte ich für ein möglichst hilfreiches Setting im Therapieraum. Ich stellte Wasser, Tee und Kekse auf den Tisch, um klarzustellen, dass hier weder ein Verhör noch ein Behördengang stattfindet. Ich hatte das Glück, eine kongolesische Frau als Dolmetscherin vor Ort zu haben und so noch mehr Sicherheit signalisieren zu können. Außerdem plante ich eine Doppelstunde ein, um ausreichend Zeit zu haben.

Kurz vor unserem Termin erschien dann die Dolmetscherin im PSZ und sagte mir, dass sie Frau Mulumba heute Morgen angerufen habe, sie sei unterwegs. Ich machte eine kleine Vorbesprechung mit der Dolmetscherin, um auch sie ein wenig kennenzulernen und ihr zu erklären, was für mich in den folgenden Gesprächen wichtig sein würde. Ich erklärte ihr, dass sie die Aussagen der Patientin möglichst ungefiltert übersetzen solle und nicht aus Höflichkeit für mich vorzuinterpretieren brauche, was die Patientin wohl meinen könnte. Ich holte mir die Erlaubnis ein, nachfragen zu dürfen, wie bestimmte – in meinen Augen seltsame – Verhaltensweisen im Kongo gesehen werden würden. Dann warteten wir auf Frau Mulumba. Und warteten. Nach 15 Minuten fragte ich die Dolmetscherin, ob sie sicher sei, dass die Patientin unterwegs ist. Sie lachte und erklärte mir, 15 Minuten gälten im Kongo noch nicht als Verspätung, aber sie könne gerne noch einmal bei der Patientin anrufen.

Tatsächlich klingelte es kurz darauf an der Tür, und die Patientin trat ein. Sie wirkte ungepflegt, mir fiel auf, wie rau ihre Hände sich beim Händeschütteln anfühlten. Die Fingernägel waren schmutzig und die Haare mit einem Tuch nachlässig zusammengebunden. Sie schaute weder mich noch die Dolmetscherin direkt an, sondern murmelte leise etwas auf Lingala und verschwand in Richtung Toilette.

Als sie zurückkehrte, steuerte sie schnurstracks einen der Stühle im Wartebereich an und begann erneut in ihrer Handtasche zu wühlen. Ich ließ die Dolmetscherin ein Willkommen übersetzen und bat die Patientin in den Therapieraum. Dort setzte sie sich in ihrer dicken Jacke auf den einzigen Stuhl, der mit der Lehne an der Wand stand, die Zimmertür im Blick, und legte ihre Handtasche auf ihren

Schoß. Ich setzte mich bewusst auf die andere Seite des kleinen Tisches, um eine Art Sicherheitsabstand zu schaffen, und ließ den Weg zur Tür frei.

Die Sitzung begann ich, indem ich mich und meinen Beruf als Psychotherapeut vorstellte. Während die Dolmetscherin übersetzte, schaute sich Frau Mulumba im Raum um und ab und zu in Richtung Dolmetscherin. Blickkontakt zu mir hatte sie bislang kaum hergestellt. Ich informierte über die Möglichkeit, eine therapeutische Stellungnahme für das Asylverfahren zu verfassen und dass hiermit im PSZ gute Erfahrungen gemacht worden waren. Dabei merkte ich an, dass hierfür auch über die Fluchthintergründe gesprochen werden müsste. Als dies übersetzt wurde, wartete ich gespannt auf die Reaktion. Meist reagieren Traumatisierte ja auf die Ankündigung, über das Trauma ausführlich berichten zu müssen, recht emotional. Frau Mulumba hingegen schaute nur kurz gehetzt zur Tür – und zog sich dann die Schuhe aus! Hierbei wirkte sie derart konzentriert auf ihre Füße, dass ich mir nicht mehr sicher war, ob sie mir überhaupt noch zuhörte.

Zu sagen, ich war irritiert, wäre eine Untertreibung. Nun war ich ja mit einer ordentlichen Portion Offenheit und Wohlwollen gestartet. Dennoch spürte ich einen leichten Widerwillen in mir aufsteigen. Erst zu spät kommen und dann so viel Desinteresse an der ganzen Situation!

Später erkannte ich den Grund meiner Irritation. Frau Mulumba hatte schlicht mein deutsches Verständnis von Höflichkeit herausgefordert: Pünktlichkeit, Blickkontakt, anständige Begrüßung, Dankbarkeit für den Termin und für das Angebot, eine Stellungnahme zu verfassen – all das hatte ich offenbar erwartet und war nun enttäuscht. Vieles davon ließ sich im Nachgespräch mit der Dolmetscherin sortieren. Die deutsche Pünktlichkeit ist in weiten Teilen der Welt ein eher befremdliches Kulturgut, und gerade im Kongo emanzipiert man sich deutlich mehr vom Diktat der Zeit, als wir Deutschen es in der Regel tun. Mit Autoritäten direkten Blickkontakt aufzunehmen wäre nicht nur in der kongolesischen Kultur ein eher respektloses Verhalten. Und was die unkonzentrierte Art der

Patientin sowie ihre etwas bizarr anmutenden Verhaltensweisen anging: Später sollte sich herausstellen, dass dies alles schlüssig mit ihrer komplexen Traumatisierung zusammenhing und sie schlichtweg Emotionsregulation praktizierte, um dem Gespräch besser folgen zu können.

Ich war in diesem Fall mehr als einmal dankbar, nicht nur eine Sprachmittlerin an meiner Seite zu haben, sondern vielmehr eine Sprach- und Kulturmittlerin, die meine Verwirrung oftmals auflösen konnte und mir hierdurch einen klareren diagnostischen Blick auf die klinischen Auffälligkeiten erlaubte.

Die Irritationen gingen weiter: Frau Mulumba sprang in einem der Folgetermine einmal urplötzlich auf, verließ wortlos den Raum und kehrte fünf Minuten später ebenso wortlos, dafür jedoch mit klatschnassem Gesicht zurück. Sie wühlte immer wieder in ihrer Handtasche oder spielte auf beeindruckend geschickte Weise sehr lange mit einem Teebeutel. Dies irritierte mich allerdings weniger, als dass es mich beeindruckte. Offensichtlich hatte die Patientin sich ohne jede Therapie bereits ein gehöriges Repertoire an Skills und Reorientierungstechniken angeeignet. Je besser ich Frau Mulumba kennenlernte, umso deutlicher erkannte ich ihre dissoziativen Symptome. Immer wieder drohte sie im Nebel ihrer Traumata zu versinken und arbeitete dagegen an, indem sie sich umschaute, in der Handtasche suchte oder eben zur Toilette ging, um sich das Gesicht mit kaltem Wasser zu benetzen. Ihre Konzentration reichte an guten Tagen für fast eine Stunde am Stück, an anderen Tagen hingegen verstand sie bereits nach zehn Minuten einfache Fragen nicht mehr. Auf die Frage, wie viele Kinder sie habe, ließ sich in solchen Situationen beispielsweise keine konkrete Zahl finden. Ich versuchte Frau Mulumba zu unterstützen, indem ich ihre Reorientierungsversuche aufgriff und ihr weitere Techniken anbot. Um mir selbst Unmut zu ersparen, plante ich prinzipiell Doppelstunden ein, damit nicht die Verspätungen und Pausen, die wir regelmäßig brauchten, meine Geduld angriffen. Außerdem nannte ich der Patientin fortan immer eine Uhrzeit eine halbe Stunde vor dem Termin in meinem Kalender. Das bewährte sich dann recht gut.

Was mich dieser Fall vor allem gelehrt hat, ist, meiner Intuition nicht blind zu folgen. Immer wieder musste ich merken, wie stark auch mein Bauchgefühl von kulturellen Normen wie Höflichkeitsvorstellungen beeinflusst wird. Ohne die Bereitschaft, mit dem Wissen der Sprach- und Kulturmittlerin meine eigenen Gefühle und Annahmen zu überdenken, wäre ich in die eine oder andere Sackgasse gelaufen. Es fühlte sich ein wenig an, wie ein Instrument zu spielen, dessen Saiten sich immer wieder verstimmen und das ich regelmäßig neu stimmen muss. Gleichzeitig empfand ich die Nachbesprechungen mit der Dolmetscherin unglaublich bereichernd. Ich tauchte auf eine wunderbar vielschichtige und intensive Weise in eine andere Kultur ein und sah hierdurch Dinge aus vollkommen neuen Perspektiven. Und immer wieder stellte ich fest: Mensch bleibt Mensch. Uns verbindet so viel mehr, als uns durch unterschiedliche kulturelle Prägung trennt.

Zusammenfassung und einige Kommentare zu uns wichtigen Themen im Kontext der Fallgeschichte

In dieser Begleitung ging es um zunächst nicht verstehbares Verhalten der Klientin. Auf der Basis einer Haltung, die man mit »die Klientin hat immer recht, auch wenn ich sie nicht verstehe«, also von Respekt getragen, umschreiben kann, konnte der Therapeut eine freundlich abwartende Haltung einnehmen und musste nicht auf ein Repertoire von vorschnellen Deutungen zurückgreifen, die leicht den Charakter von Vorwürfen und Beschuldigungen annehmen können. *Die Einsicht, dass sogar unser »Bauchgefühl« insoweit trügerisch sein kann, dass es von verinnerlichten kulturellen Normen geprägt ist, kann uns offen machen für »das andere«, mit dem uns Klienten konfrontieren können.* Das fordert uns auch auf, Stellung für unsere Klienten zu beziehen in einer fachlich gebotenen Weise und uns nicht einem neoliberalen Diskurs zu unterwerfen.

Kommentar zum Thema kulturelle Differenz

Hier zunächst einige Gedanken zum Umgang mit kultureller Differenz.

In ihrem jüngst erschienenen Buch »Einführung in die französische Ethnopsychiatrie« stellt die Ethnologin Sophie Kotanyi Überlegungen an, die uns lesenswert erscheinen: »Wenn es aber darum geht, Menschen aus den verschiedensten Kulturen einen Raum zu schaffen, damit sie die Teile ihrer Ursprungskultur, die sie schätzen oder sogar benötigen, nicht negieren müssen – was mit dem Integrationsanspruch zunehmend von ihnen erwartet wird –, so müssen wir wahrnehmen, dass die Patienten in psychotherapeutischen Behandlungen offensichtlich stark unter diesem einseitigen und immer wieder voreiligen Integrationsdruck leiden. Migranten und geflüchtete Menschen brauchen einen freizügigen Lebensraum in westlichen Ländern, in dem sie in ihrer grundsätzlichen Gleichheit erkannt und in ihrer kulturellen Verschiedenheit angenommen werden können – in dem Bewusstsein, dass diese nicht nur als Belastung oder als Bedrohung wahrgenommen wird, sondern Migrationsrealitäten für alle Menschen neu und bereichernd mit gestaltet.

Der für Migranten nötige dialektische Wechsel zwischen Bewahrung bzw. Wiederbelebung der eigenen sozialen, kulturellen, emotionalen Zusammenhänge und Quellen und der notwendigen Anpassung an die europäische Kultur und Lebensweise führt zu Widersprüchlichkeiten, die immer wieder begriffen und ausgehalten werden müssen. Dieser Weg erfordert die Aufwertung statt Löschungsversuchen der einzelnen Kulturen der Klientinnen, damit erfasst werden kann, welches Denken, welche Emotionen, Erfahrungen, Werte und Praktiken ihr Leiden bestimmen. Dies ist nötig, um den Patientinnen zu helfen, die soziale und kulturelle Erneuerung im Migrationsland in ihr Leben zu integrieren, ohne ihre eigenen inneren Zugehörigkeitsquellen, die ihre Gefühlswelt bestimmen, vollkommen aufgeben oder zerstören zu müssen und sie vielmehr in eine neue Pluralität einfügen zu können. Dies ermöglicht es, Spaltungen zu vermeiden und langfristige heilsame Inklusion zu fördern. Diese Vorgehensweise erfordert, dass Patienten die Elemente, die ihre eigenen gemischten Zugehörigkeitsquellen bilden, überhaupt wahrnehmen und annehmen können, damit sich ein ganzes plurales Ich eine neue Lebensgrundlage bilden kann, indem Neues mit Älterem verknüpft werden kann«[20].

Auch uns erscheint es bedeutsam, eine neue Lebensgrundlage zu ermöglichen, indem das Ältere nicht verloren gehen muss, sondern verknüpft werden kann mit dem Neuen. Darüber hinaus lohnt es in der transkulturellen Arbeit, sich vorab klarzumachen: Ich kann als kulturfremde Person nicht alle kulturspezifischen Feinheiten bemerken und berücksichtigen. Und das ist auch in Ordnung so. Viel hilfreicher ist, das eigene Befremden im Blick zu haben und immer wieder zu versuchen, meinem Gegenüber mit *Offenheit und Neugierde* zu begegnen.

Kommentar zum Thema Umgang mit Geschlechterdifferenz

Geschlechterdifferenz ist auch hierzulande immer noch ein »heißes Thema«. Dass in vielen Ländern, aus denen Geflüchtete stammen, ganz andere Vorstellungen vom Mannsein bzw. vom Frausein herrschen, ist für uns eine große Herausforderung. Wir haben gelernt, dass es hier viel Geduld und Respekt braucht für andere Sichtweisen, die uns teilweise fremd, absurd und sogar schädlich erscheinen. Wir gehen davon aus, dass diese Themen in einer längeren Begleitung/Therapie thematisiert werden können und auch sollten, dass es aber zunächst um behutsames Aufgreifen gehen sollte. Es erscheint uns fragwürdig, bei diesem zweifellos auch für uns heiklen Thema »mit der Tür ins Haus zu fallen«.

Unsere Erfahrung ist, dass die meisten Patienten erfreut sind, wenn wir geschlechterspezifische Benimmregeln der jeweiligen Kultur kennen, dies jedoch keineswegs vorausgesetzt wird. Immer dann, wenn wir bei unserem Gegenüber ein deutliches Zögern spüren, können wir respektvoll und neugierig nachfragen und hierdurch

20 Kotanyi, S. (2018): Einführung in die französische Ethnopsychiatrie. Psychosozial Verlag Gießen, S. 161 f.

sicherstellen, dass weder Therapeutin noch Patientin sich unangemessen behandelt fühlen.

Aus der Erfahrung des männlichen Behandlers kann ein respektvoller und körperlich eher distanzierter Umgang mit Patientinnen hilfreich sein, da sexualisierte Gewalt keine Seltenheit ist und dann zu viel Nähe und Körperkontakt stark triggern können. Wir können darauf achten, niemanden zum Handschlag zu drängen oder mit unserem Blick in die Enge zu treiben, wenn wir spüren, dass uns jemand ausweicht. Dies gilt selbstverständlich ebenso für männliche Patienten, über deren Erlebnisse und Traumata wir im Erstkontakt ebenfalls nichts wissen. Uns selbst die Zeit und die Gelegenheit zu verschaffen, bei Begrüßung und Verabschiedung unser professionelles Bauchgefühl zu konsultieren, kann hierbei den entscheidenden Unterschied machen. Wenn wir unserem Gegenüber offen begegnen, spüren wir angstvolles Ausweichen, Ekel oder Bedrängnis oftmals auch über kulturelle Grenzen hinweg – Mensch bleibt Mensch.

Kommentar zum Thema Dissoziation

Fast alle traumatisierten Menschen verfügen über einen Schutzmechanismus, den man Dissoziation nennt. Damit ist gemeint, dass Bereiche des Erlebens unbewusst auseinandergehalten werden. So kann z. B. jemand, der/die Folter erlitten hat, darüber sprechen, ohne in irgendeiner Art davon betroffen zu scheinen. Die extrem schmerzhaften Gefühle und das schmerzhafte Körpererleben werden aus dem Bewusstsein ferngehalten. Dazu braucht es keine bewusste Entscheidung, wir sind offenbar damit ausgestattet, das zu können, wenn sonst nichts mehr helfen kann. So erscheinen manchen Therapeutinnen, die mit diesen Vorgängen nicht vertraut sind, Patienten als widerständig und begreifen nicht, wie überlebensnotwendig solche Mechanismen sind[21].

21 Weitere Informationen zu dissoziativem Verhalten und dissoziativen Störungen finden Sie z. B. bei Reddemann, L.: Psychodynamisch imaginative Traumatherapie. Das Manual. Klett-Cotta, 9. Auflage 2017

1.4 Erste Begegnung mit Frau Schiller

Ljiljana Joksimovic

Auch in dieser »etwas anderen Begegnung« wird deutlich, wie ähnlich Menschen aus unterschiedlichen Ländern auf Krieg, Verlust und Trauer reagieren. Bevor ich (L.J.) aufgrund des Krieges in meinem Heimatland Bosnien und Herzegowina nach Deutschland flüchtete, hatte ich nicht viel von der Welt gesehen. Ich war zum Studentenaustausch drei Wochen in Moskau gewesen, zum Jeans kaufen in Triest und hatte mit einer Freundin Athen besucht. Und ich denke, dass ich davon überzeugt war, dass Menschen aus verschiedenen Ländern sich sehr voneinander unterscheiden. Vor allem habe ich gedacht, dass Deutsche anders sind, als ich sie später kennengelernt habe.

Meine erste Arbeitsstelle in Deutschland war in einem sehr freundlich geführten Seniorenwohnheim. Eine erfahrene und äußerst hilfsbereite Altenpflegerin sollte mich einarbeiten. Das tat sie mit großer Hingabe. Ich sollte nach und nach Bewohnerinnen in meine Zuständigkeit übernehmen, hieß es. Meine erste Bewohnerin war Frau Schiller. Sie wurde mir beschrieben als eine leicht verwirrte Dame, die manchmal unfreundlich sein konnte, aber sonst ehrlich und ziemlich aktiv ist. Meine Anleiterin stellte mich der Dame vor:

»Das ist unsere neue Mitarbeiterin. Sie heißt Lilijana«.

Ich stellte mich ihr dann auch selbst vor.

»Kommen Sie aus Russland?«, fragte sie.

»Nein.«

»Gut«, meinte sie.

Danach wandte sich Frau Schiller meiner Anleiterin zu und beschwerte sich über das Käsebrot, welches ihr an dem Morgen wieder nicht geschmeckt hatte.

»Das tut mir leid«, sagte die Anleiterin. »Schade.«

»Schade! Scheiße ist das.«

Ich musste lachen. Frau Schiller fand es lustig, dass ich lachte, und sie lachte auch.

Tag 2
»Kommen Sie aus Russland?«, fragte sie erneut.

»Nein.«

»Gut. Warum sind Sie hergekommen?«

»Wegen dem Krieg«, antwortete ich.

»Krieg. Wo ist der Krieg?«

»In Jugoslawien.«

»Ach so, in Jugoslawien.«

Tag 3
»Kommen Sie aus Russland?«

»Nein.«

»Gut. Krieg ist scheiße …«

Pause

»Mein bildhübscher Bruder ist in Russland gefallen. Meine arme Mutter ist nach ihm gestorben. Bildhübsch ist er gewesen. Bildhübsch«, wiederholte sie.

Mir fiel auf, dass die Hände von Frau S. mehr zitterten als sonst, während sie darüber sprach. Ich berührte ihre Hände mit der Absicht, sie zu beruhigen. Sie ließ das nicht zu. Ich fand das, glaube ich, in Ordnung. Sie sagte dann:

»Die Käsebrote haben heute Morgen wieder nicht geschmeckt.«

Tag 4
Frau S. lag im Bett, als ich hereinkam. So konnte ich gut das schwarzweiße Bild des gefallenen Bruders betrachten. Das Foto hing im ca. DIN-A5-Format über dem Bett von Frau S.

»Ach, Sie sind das, die Jugoslawin. Was machen Sie da?«

»Ich möchte Sie fürs Frühstück fertig machen.«

»Dann machen Sie es. Was glotzen Sie da?«

»Das Bild«, sagte ich.

»Jetzt bringen Sie mich bitte ins Badezimmer. Ich möchte nicht über das Bild sprechen.«

»Ja, mache ich.«

Ich bekam im Badezimmer leichten Schwindel, und mir wurde

plötzlich sehr komisch zumute. Frau Schiller fiel das auf, und sie fragte, was mit mir heute los sei. Außerdem ärgerte sie sich und sagte:

»Sie müssen mich nicht so festhalten.«

Mein Deutsch reichte damals nicht aus, um Frau S. zu erklären, was mit mir los war. Vielleicht war das auch gut so. Ich dachte, mit mir stimme irgendetwas nicht. Ich hatte das Gefühl, dass ich den jungen Mann auf dem Bild von Frau Schiller kenne. Das irritierte mich. In Wirklichkeit hing im Wohnzimmer meiner Oma ein ähnliches Foto von ihrem im Zweiten Weltkrieg gefallenen Bruder. Ähnliche schwarz-weiße Fotografie, beide im etwa gleichen Alter. Ahnungslose, verschreckte Augen beider Männer, die sich wahrscheinlich vor dem Einzug zum Militär fotografieren ließen. Die Ähnlichkeit der beiden, gerade durch den Ausdruck der Augen, war sehr verblüffend. »Sehen alle jungen Männer so aus, wenn sie in den Krieg müssen?«, fragte ich mich.

Auch meine Oma hatte erzählt, dass ihre Mutter aus Traurigkeit über den Tod ihres erstgeborenen, bildhübschen, gerade 21 Jahre alt gewordenen Sohnes starb. Ihre Gallenblase sei vor Trauer geplatzt, wurde in der Familie erzählt. Ich hielt das für eine Legende. Wie oft hatte ich als frisch gebackene, strebsame Ärztin meiner Oma gesagt: »Oma, man kann nicht an Traurigkeit sterben.« (Heute weiß ich, dass ich mich irrte.)

Frau S. schimpfte im Badezimmer, ich solle endlich anfangen, sie fertig zu machen. Ich tat das unter großer Anstrengung. Ich war irgendwie etwas wirr im Kopf.

Tag 5

Meine erste Arbeitswoche ging zu Ende. Ich suchte mit meiner Anleiterin zusammen Frau Schiller auf. Sie fragte sie, wie ihre Woche gewesen sei und wie wir beide miteinander klargekommen seien.

»Gut. Sie ist nett. Armes Mädchen. Kommt aus dem Krieg«, gab Frau Schiller an.

Die beiden unterhielten sich etwas schneller und dann immer schneller miteinander. Ich verstand nicht alles. Es war trotzdem schön zuzuhören. Der Fluss und Klang der Sprache war schön.

»Auf Wiedersehen, Frau Schiller. Morgen kommt eine andere Schwester. Sie kümmert sich um Sie am Wochenende.«

»Das ist Scheiße! Wieder jemand anders.«

»Freuen Sie sich nicht auf Ihren Sonntagsstuten? Den mögen Sie doch so gerne«, sagte die Anleiterin.

»Verdammt: Geh raus.«

Lachen.

Ich wusste nicht, was Sonntagsstuten ist. Schließlich hatte ich sonntags auch noch nicht gearbeitet. Ich fragte nach. Die Anleiterin lachte, führte mich in die Küche und zeigte mir das Rosinenbrot.

Ich arbeitete in dem Heim zwei weitere Jahre. Frau Schiller erzählte immer wieder von früher, vom Krieg, vom Leben im Dorf während des Krieges und vom bildhübschen Bruder. Sie weinte nie. Meine Oma habe ich auch nicht weinend gesehen. Mir fiel mit der Zeit auf, dass Frau Schiller, wenn sie etwas nicht wollte, immer laut über Käsebrote, die ihr nicht schmeckten, schimpfte. Als ich das verstanden hatte, fand ich das eigentlich ganz geschickt.

Nach genau zwei Jahren wurde meine Arbeitserlaubnis nicht weiter verlängert. Man »entdeckte« in meinen Akten, dass ich ein abgeschlossenes Medizinstudium hatte, und begründete mir die Nichtverlängerung mit der Überqualifizierung für die Tätigkeit im Seniorenwohnheim. Ich verlor den Boden unter den Füßen. Die Leitung des Heims zeigte sich sehr betroffen, es gelang ihr aber nicht, etwas daran zu ändern. Danach war das kein Thema mehr.

Ich durfte noch vier Wochen arbeiten. Ich erzählte Frau Schiller, dass ich nicht mehr zur Arbeit kommen könne. Sie schimpfte laut: »Scheiße. Das ist Scheiße!«, schrie sie regelrecht. Das tat gut, auch wenn es nichts änderte. Ich wusste ganz genau, dass sie mit mir mitfühlte. Sie schrie, und ich hätte am liebsten mitgeschrien. Sie tat etwas Wichtiges für mich, etwas, das ich nicht tun konnte.

Zusammenfassung dieser Begegnung

Diese Begegnung zeigt, dass – vielleicht häufiger, als es manchen lieb ist – jede Situation, auch im professionellen Kontext, im Kern eine Begegnung zwischen zwei Menschen ist. Daher können wir in die Situation geraten, dass vieles, das die Klientinnen an uns herantragen, uns an Eigenes erinnert oder uns über die Maßen irritiert, ja sogar verunsichert, und vice versa. Das bedeutet, dass in zwischenmenschlicher Begegnung jeweils das Eigene an den anderen herangetragen wird. So können beide Beteiligte auf die eine oder andere Art Betroffene sein und sind das wahrscheinlich. Wenn wir diese Betroffenheit zulassen, sie reflektieren, uns durch sie nicht über die Maßen irritieren, uns selbst oder andere nicht verunsichern lassen, können wir das auch als Chance für gegenseitiges Verständnis und Mitgefühl betrachten. Die Voraussetzung dafür scheint das Bemühen zu sein, so gut es geht, freundlich auf das zu schauen, was an uns herangetragen wird. Hier ist damit gemeint, z. B. freundlich mit der, durchaus als diskriminierend zu bezeichnenden Aussage der Bewohnerin, dass es gut sei, dass die Pflegerin nicht Russin ist, umgehen zu können. Das ermöglicht der anderen, wenn auch etwas zeitversetzt, auch Freundlichkeit zu zeigen. Auch in diesem Beispiel geht es darum, gegenseitig etwas aushalten zu können.

Was wir aus allen geschilderten Begegnungen gelernt haben

In all diesen Begegnungen ging es um Befremden. Wir begegneten Menschen, deren Verhaltensweisen uns teilweise kaum erklärlich erschienen, und wir begegneten unserer eigenen Unsicherheit, die wir in diesem Ausmaß selten erlebt hatten. Regeln, die wir gelernt hatten, halfen nur bedingt und oft überhaupt nicht. Es ging zunächst um das Sich-Einlassen auf den anderen Menschen und darum, offen und neugierig zu sein, seine/ihre Sicht der Dinge gemeinsam zu erkunden. Es ging um Freundlichkeit, die uns nicht immer leichtfiel, um die wir uns aber entschlossen bemühten. Es ging auch darum zu akzeptieren, dass unsere eigene kulturelle Prägung, selbst wenn sie maßgeblich unser Bauchgefühl bestimmt, nicht die einzig gültige

Formel für ein gelingendes Miteinander ist und wir durch interessiertes Nachfragen bei Sprach- und Kulturmittlern neue spannende Perspektiven kennenlernen können. Wir entdeckten, dass wir hier mit der »goldenen Regel« – nämlich einem anderen nie etwas anzutun, von dem man nicht möchte, dass es einem selbst angetan wird – weiterkamen als mit psychotherapeutischen Konzepten, denn diese sind fast alle für Menschen aus westlichen Kulturen »gestrickt«. Wir entschieden uns in allen Fällen für Behutsamkeit und Geduld, und auf dieser Basis konnte sich Vertrauen entwickeln.

1.5 Hinweise für die Praxis

Hinweise zu Sprache, Übersetzung, Sprach- und Kulturmittlung

- Bei der Arbeit ohne Dolmetscherinnen kann das Bereitlegen wichtiger Vokabeln und eines Wörterbuches/einer Übersetzungs-App hilfreich sein.
- Wir sollten uns trauen, unsere Fremdsprachenkenntnisse anzuwenden. Selbst, wenn es nur für eine Begrüßung reicht, ist es für den Klienten ein Zeichen der Wertschätzung und eine zwischenmenschliche Erfahrung, die ggf. lange nicht gemacht wurde.
- In der Arbeit mit Sprach- und Kulturmittlerinnen ist es zu empfehlen, den Blickkontakt zum Klienten zu halten. Dabei ist es aber auch wichtig, die authentische Gesprächsatmosphäre zu halten. Wenn unser Blick auch zur Sprach- und Kulturmittlerin wandert, ist das nicht falsch. Manchmal ist es sinnvoll, auch Sprach- und Kulturmittler mit Blickkontakt zu unterstützen, wenn belastende oder schwierige Inhalte zu übersetzen sind[22]. Dauernder direkter Blickkontakt zum Klienten kann möglicherweise auch bedrängend wirken oder kulturell unangemessen sein.
- Für die Arbeit mit Kultur- und Sprachmittlern immer etwas Zeit

22 In ihrem Roman *Reibungsverluste* erzählt Mascha Dabić einen Tag aus dem Leben einer Dolmetscherin, die in einem Verein für Psychotherapie für Flüchtlinge arbeitet. Mascha Dabić, Reibungsverluste ISBN 978-3-903005-26-6

für Vor- und Nachbesprechungen einplanen. Sollte während der ersten Sitzung noch kein Eindruck vom Bildungsniveau des Klienten entstanden sein, sollte die Kultur- und Sprachmittlerin in der Nachbesprechung um deren Einschätzung gebeten werden. Eventuelle sprachliche Niveauunterschiede müssen vom Therapeuten und nicht von der Dolmetscherin überbrückt werden.

- Je genauer die Dolmetscher wissen, was Ziel der Sitzung ist und worauf es in diesem Termin besonders ankommt, umso genauer können sie arbeiten.
- Es ist gut, Mitgefühl für den erlittenen Sprachverlust von geflüchteten Menschen zu haben.

Hinweise zu Begrüßungsritualen und zur Anrede der Klienten

- In den verschiedenen Kulturen wird die Anrede des Gegenübers unterschiedlich gehandhabt. Die Zusammenarbeit mit Sprach- und Kulturmittlerinnen gibt uns die Möglichkeit, uns vorab über die landesübliche Anrede (»Sie« oder »Du«, Vor- oder Nachname) zu informieren.
- Wir sollten immer die Klientinnen fragen, wie sie gerne von uns angesprochen werden möchten.
- Die vereinbarte Anrede sollte für beide Seiten – Klient und Therapeut – gelten. Daher ist es empfehlenswert, vorab zu reflektieren, mit welcher Anrede man sich selbst als Therapeut wohlfühlt.
- Zwischen Frauen ist der Austausch von Wangenküsschen zur Begrüßung und Verabschiedung in einigen Kulturen üblich. Auch hier gilt, dass ich mich als Therapeutin nur darauf einlassen sollte, wenn sich dieses Begrüßungs- bzw. Verabschiedungsritual für mich stimmig anfühlt. Ich darf es auch bei einem Händedruck belassen.
- In einigen Kulturen gibt es eine andere Vorstellung von Höflichkeit, und dies betrifft z. B. den Austausch eines Händedrucks zwischen Frauen und Männern zur Begrüßung und Verabschiedung. Wir sollten es als Therapeutinnen nicht als Beleidigung oder Zurückweisung auffassen, wenn unsere ausgestreckte Hand nicht ergriffen wird, sondern mit Gelassenheit reagieren, denn dieses Ver-

halten ist im Allgemeinen ein Ausdruck des Respekts. Wir können uns auch angewöhnen zu fragen, ob ein Händedruck erwünscht ist, und erklären, dass das in Deutschland zwar üblich ist, aber die Patientin selbstverständlich das Recht hat, dies abzulehnen.

Hinweise zur Vorbereitung des Therapieraumes

- Es ist gut, Wasser und evtl. Gebäck bereitstehen zu haben. In vielen Kulturen unserer Klienten gilt dies als Willkommensgeste. Gleichzeitig kann es auch hilfreich sein, um Abgleiten in Dissoziationen zu stoppen.
- Allerdings kann z. B. das Bereitstellen von Gebäck den Eindruck erwecken, dass man sich nicht in einem professionellen Setting befindet. Wie auch immer Sie sich entscheiden, den Raum vorzubereiten, ist es wichtig zu beachten, dass es im transkulturellen Kontext nie nur falsch oder nur richtig gibt.

Hinweise zu Kontrolle

- Geflüchtete sind oft aus gutem Grund misstrauisch. Dieses Misstrauen müssen wir als Therapeuten aushalten und akzeptieren können.
- Um den Klientinnen größtmögliche Kontrolle über die ihnen fremde Situation zu lassen, sollten wir sie zu Beginn immer selbst wählen lassen, wo sie Platz nehmen möchten. Der Weg zur Tür sollte frei bleiben und die Sessel genügend Abstand zueinander haben.
- Durch das Eingehen auf das in der Regel massiv verletzte Bedürfnis nach Kontrolle und Sicherheit deuten wir bereits ohne Worte an, worum es bei einer Psychotherapie geht.
- Wir sollten in einfachen und verständlichen Worten erklären, was der Beruf des Psychotherapeuten oder auch der Sozialarbeiterin ist, und unsere Schweigepflicht deutlich machen.
- Sollten Schweigepflichtsentbindungen nötig sein für Stellungnahmen etc., müssen die Gründe hierfür in einfachen Worten er-

klärt und betont werden, dass dies nur im Einverständnis mit den Klienten geschieht.

Hinweis zur Psychoedukation

- Psychoedukation ist ein wichtiger Bestandteil gleich zu Beginn der Therapie, damit der Klient eine Erklärung für seine Symptome bekommt und die Angst genommen wird, »verrückt« zu sein bzw. zu werden. Dabei geht es um ein Verständnis für symptomatisches Verhalten, das sie selbst als störend und unverständlich empfinden.

Hinweise zur Zeitplanung

- Es ist wichtig, für die erste Begegnung ausreichend Zeit einzuplanen.
- Verspätungen und Pausen sollten bei Terminvergabe einkalkuliert werden.
- Die Dauer eines Therapiesettings kann individuell unterschiedlich sein und sich an verschiedenen Kriterien ausrichten, wie z. B. psychische und physische Verfassung des Klienten, Länge des Anfahrtswegs etc. Auch Dolmetscher-gestützte Sitzungen brauchen mehr Zeit.

Hinweise zu Gegenübertragungsgefühlen

- Der erste Eindruck kann täuschen, daher ist es gut, der Klientin immer wieder neu mit Offenheit und Interesse zu begegnen.
- Der eigenen Unsicherheit hinsichtlich der Begegnung mit dem Fremden und Neuen sollten wir ehrlich und mitfühlend begegnen.
- Vorsichtig mit dem eigenen Bauchgefühl, Gegenübertragungen und Ad-hoc-Diagnosen umgehen; was merkwürdig erscheint, erst einmal offen und neugierig mit Sprach- und Kulturmittlern erkunden.

- Jedoch muss nicht alles, was merkwürdig erscheint, besprochen werden. Manches darf auch einfach so stehen bleiben und vieles klärt sich im Lauf der Zeit.
- Eigene Betroffenheit zulassen und reflektieren.
- Gelassen damit umgehen, dass wir nicht wissen, wie uns unsere Klientinnen und Klienten wahrnehmen und welche Vorurteile sie über uns haben.
- Sofern wir als Therapeutinnen während unserer Sitzungen mitschreiben, lohnt es sich, unsere Verhaltensbeobachtungen situationsbezogen zu notieren. Sie bieten uns vielfältige diagnostische Informationen und auch die Möglichkeit, aufrichtig mit unserem eigenen Befremden umzugehen.
- Grundgefühle und körperliche Prozesse sind trotz kultureller Unterschiede gleich und für uns Therapeuten fühlbar. Die Erkenntnis »Mensch ist Mensch« eröffnet uns viele Brücken zwischen unterschiedlichen Kulturen.

Zusammenfassende Empfehlungen für die 1. Sitzung

- Sich vor der Sitzung als Therapeut gut bei sich selbst verorten.
- Im Raum Wasser/Tee und evtl. Gebäck bereitstellen als Willkommensgeste.
- Konkrete Maßnahmen zum Dissoziationsstopp vorbereiten (Glas Wasser, Pfefferminzbonbons, Igelball).
- Die Klientin den Platz auswählen lassen.
- Dem Klienten Zeit zum Ankommen lassen und mit einem kleinen Smalltalk beginnen (»Haben Sie gut hierhergefunden? Hatten Sie eine lange Anfahrt hierher« etc.).
- Sich als Therapeut zuerst dem Klienten vorstellen und ggf. den Dolmetscher sich vorstellen lassen.
- Mit einfachen Worten erklären, was Psychotherapie ist.
- Mit einfachen Worten erklären, was eine Schweigepflicht ist und dass diese auch für die Dolmetscherin gilt.
- Erst im nächsten Schritt den Klienten fragen, was man für ihn tun kann und was ihn bedrückt o. ä. Wichtig ist auch, als Therapeutin

sowohl die eigenen Einflussmöglichkeiten als auch die Grenzen deutlich zu machen.

- Mit einfachen Worten erklären, warum und welchen Personen/Institutionen gegenüber eine Schweigepflichtsentbindung evtl. helfen könnte (Anhörung, Gerichtsverfahren etc.), dies aber die Entscheidung des Klienten bleibt.

KAPITEL 2

Respektvoll begleiten, auch wenn wir nicht immer alles verstehen können

2.1 Was Sie erwartet

In diesem Kapitel sprechen wir darüber, dass es wichtig und heilsam sein kann, wenn wir uns trauen, unseren Klienten zu zeigen, dass wir nicht alles verstehen können. Uns ist es wichtig, die Grenzen des eigenen Verstehen-Könnens zu reflektieren. Wir möchten dazu einladen, sich in der Arbeit mit geflüchteten Menschen regelmäßig folgende Fragen zu stellen: Inwieweit kann ich als Therapeutin, die in Deutschland behütet aufgewachsen ist, überhaupt erahnen, was es bedeutet, Folter im Gefängnis in Kamerun überlebt zu haben? Kann ich mir vorstellen, wie es jemandem gelingen kann, die Kraft aufzubringen, einen langen und mühsamen Fluchtweg auf sich zu nehmen? Kann ich auch nur annähernd verstehen, wie es meinem Klienten jetzt geht? Kann ich überhaupt mitfühlen, was es für einen Menschen bedeuten muss, viele Monate oder vielleicht gar Jahre auf die Entscheidung zu warten, ob er in meinem Land, das für ihn seit langer Zeit wieder Sicherheit bedeuten würde, bleiben darf oder nicht? Hätte ich die Kraft gehabt oder schon längst aufgegeben?

2.2 Noch einmal Herr Okeke

Simone D. Kaster

Zu dem Zeitpunkt, als Herr Okeke in die Therapie kam, hatte er schon einen langen Flucht- und Leidensweg hinter sich: In seinem Heimatland war Herr Okeke politisch aktiv gewesen und hatte sich für die Einhaltung der Menschenrechte eingesetzt. Eines Abends, als er in seinem Auto auf dem Weg von der Arbeit nach Hause war, wurde er von Milizen angehalten, festgenommen und inhaftiert. Fünf Jahre war Herr Okeke im Gefängnis massiven Folterungen ausgesetzt, bevor er aus Kamerun fliehen konnte. Sein Weg führte ihn teils zu Fuß, teils mit Bussen bis nach Libyen. Dort fand ihn ein libyscher Kaufmann bewusstlos in der Wüste. Herr Okeke hatte großes Glück, denn der Libyer nahm ihn in seinem Haus auf, bis er wieder einigermaßen zu Kräften gekommen war. Er entschied dann, sich wieder auf den Weg zu machen und sich nach einem Schlepper umzusehen, der ihn über die Mittelmeerroute nach Europa bringen würde. Er überlebte die gefährliche Überfahrt und erreichte letztendlich Deutschland, voll von Hoffnung, Asyl und medizinische Hilfe für seinen Ellbogen zu bekommen, den ihm die Folterer zertrümmert hatten.

Ich habe in unseren Sitzungen nie gesagt, dass ich verstehen könne, wie es ihm geht oder wie er sich fühlt. Wie könnte ich das auch behaupten? Ich konnte nur versuchen zu verstehen, wie es ihm gehen könnte. Aber ich glaube, es war genau das, was ihm geholfen hat. Da saß ich ihm gegenüber und versuchte zu verstehen, was in ihm vorging, und seine Ängste, seine Nöte, seine Hilflosigkeit und Ohnmacht, aber auch seine Wut und seine Einsamkeit mitzufühlen. Er hatte bisher mehrmals die Erfahrung gemacht, dass ihm – trotz körperlicher Narben und seinem zertrümmerten Ellbogen – nicht geglaubt worden war, was ihm im Gefängnis an physischer und psychischer Folter widerfahren war, und er wusste, dass seine Peiniger nie zur Rechenschaft gezogen werden würden. Er hatte seinen Vater verloren, der ebenfalls inhaftiert worden war und im Gegensatz zu ihm die Haft nicht überlebt hatte. Seine Mutter war eine alte Frau und er würde sie wohl nie wiedersehen, außer über Internetvideotelefonie. Seine Frauen und Kinder waren nicht bei ihm, sondern lebten ohne Vater und Ernährer in Kamerun, bzw. seine erste Frau war mittlerweile mit einem neuen Partner und den Kindern nach Kanada ausgewandert.

Er hatte eine Ablehnung vom BAMF (Bundesamt für Migration und Flüchtlinge) erhalten, und sein Rechtsanwalt hatte bereits Einspruch gegen diesen Entscheid eingereicht. Für sein Verfahren beim Verwaltungsgericht hatte ich eine Stellungnahme geschrieben, und nun konnten wir nichts weiter tun, als auf die Entscheidung des Verwaltungsgerichts zu warten und das Beste zu hoffen.

… und wir warteten eineinhalb Jahre! Wenn ich in meiner eigenen Biographie zurückschaue, was ich in diesen letzten eineinhalb Jahren erlebt habe, was alles in dieser Zeit passiert war, was musste es für meinen Klienten bedeuten, diese lange Zeit in Angst und Unsicherheit und mit dem Gefühl von Stillstand zu verbringen[23]?!

Manchmal konnte Herr Okeke recht gut damit umgehen: Er suchte sich Beschäftigung, indem er seinen Tag strukturierte, spazieren ging, seine Mahlzeiten kochte, Deutsch lernte (auch wenn ihm das aufgrund seiner Konzentrationsstörungen extrem schwerfiel), Bücher las, Fernsehen schaute. Freunde hatte er keine und fand auch keine, denn er misstraute allen Menschen. Gleichzeitig kam die Angst hinzu, wenn er sich Menschen aus seiner Heimat oder anderen Subsahara-Staaten anschließen würde, das allein aufgrund ihrer Hautfarbe die Aufmerksamkeit und das Misstrauen der Polizei auf sich lenken könnte, und dies wollte er absolut vermeiden. Also blieb er lieber allein.

Es gab viele Wochen, in denen es Herrn Okeke sehr schlecht ging. Er konnte das Warten, die Ungewissheit kaum ertragen und wusste nicht mehr, wie er mit seiner Angst und seiner Einsamkeit umgehen sollte. Er hatte das Gefühl, vor Angst regelrecht verrückt zu werden. Zwar sprach er jeden Tag mit seiner Familie in Kamerun, was ihm

---

23 S. auch Kaster, S. D. (2018): Grenz-Erfahrungen – Existenzanalytische Psychotherapie mit Geflüchteten, Existenzanalyse, 35/2, GLE

aber noch mehr das Gefühl von Einsamkeit in einer fremden Umgebung gab. Gleichzeitig kamen Schuldgefühle in ihm auf, da seine Mutter immer weinte, wenn sie mit ihm sprach. Mehrmals war er kurz davor, zurück nach Kamerun zu gehen, obwohl er wusste, dass er damit sein eigenes Todesurteil unterschreiben würde. Das Leben in Deutschland, die Angst, das Warten und die erzwungene Untätigkeit, da er nicht arbeiten durfte, machten ihm das Leben buchstäblich zu einer sinnlosen Hölle. Gleichzeitig war er als einziger Bewohner mit dunkler Hautfarbe in seiner Unterkunft Rassismus und Diskriminierung vonseiten einiger Mitbewohner ausgesetzt. Zuerst war ich nicht sicher, ob ich ihm die Probleme, die er aus seiner Unterkunft schilderte, wirklich glauben konnte oder ob er evtl. paranoide Züge entwickelt hatte, was mich nach seinen Erfahrungen nicht überrascht hätte. Herr Okeke bat mich um Hilfe: Ob ich mit dem für ihn zuständigen Mitarbeiter des Sozialamtes des kleinen Ortes, in dem er untergebracht war, sprechen könne und ob er nicht vielleicht in eine andere Unterkunft verlegt werden könne. Auf meine Nachfrage hin bestätigte der Mitarbeiter des Sozialamtes, dass Herr Okeke massiven rassistischen Handlungen ausgesetzt sei, man aber leider aus Kapazitätsgründen keine andere Möglichkeit zur Unterbringung habe. Ein weiterer Punkt, den Herr Okeke also aushalten musste, und auch ich musste aushalten, dass ich ihm in dieser Angelegenheit leider nicht helfen konnte. Besonders schwierig war es für ihn vor allem dann, wenn er mitansehen musste, wie Geflüchtete, die lange Zeit nach ihm in die Unterkunft gekommen waren, ihre Anerkennung bekamen und in Wohnungen ziehen durften. Während er sich sehr nach Ruhe sehnte, war er weiterhin den Anfeindungen der Mitbewohner ausgesetzt. Mehrmals war Herr Okeke kurz davor, in seiner Unterkunft zu »explodieren« und handgreiflich zu werden. Allein unsere Gespräche und dass er sich darauf besinnen konnte, wer er war, auf seine Identität, seine Herkunft, seine Würde und dass ihm ein solches Verhalten nicht entsprechen würde, hielten ihn davon ab. Wir sprachen darüber, dass er schon viel schlimmeres menschliches Verhalten erlebt und überlebt hatte und sich nun nicht von rassistischen Aussagen so provozieren lassen würde, dass er sich deswegen Ärger mit der Polizei einhandeln würde. Ich bestätigte, dass ich als Therapeutin mit ihm fühlte und es auch mich wütend machte, wenn er erzählte, was er an Rassismus hier in Deutschland, in seiner Unterkunft, erleben musste, ohne dass es Konsequenzen für seine Mitbewohner hatte. Ich teilte seine Wut, sein Erleben von Ohnmacht und sein Unverständnis, und ich merkte, wie gut es ihm tat, mit seinen Gefühlen nicht allein zu stehen und sich darin verstanden zu fühlen. Er sagte, das mache es ihm etwas leichter, die Situation auszuhalten.

In meiner Rolle als Therapeutin hatte ich oft das Gefühl, nicht viel für Herrn Okeke tun zu können. Was ich anzubieten hatte war, Herrn Okeke einen geschützten Raum zu geben, in dem er alles erzählen konnte, in dem er ganz frei sprechen konnte, ohne etwas befürchten zu müssen. Selbst seine berechtigte Wut auf seine Mitbewohner konnte er mir gegenüber frei herauslassen, seinen Ärger auf seinen Rechtsanwalt, der sich in seinen Augen nicht genügend für ihn einsetzte, sein Misstrauen gegenüber den Ehrenamtlichen und den Mitarbeiterinnen der Behörden. In allem, was ich zu seiner Stabilisierung im Äußeren beitragen konnte, versuchte ich zu unterstützen. So half ich ihm dabei, die dringend notwendige medizinische Versorgung zu bekommen, denn sein von der Folter zertrümmerter Ellbogen und die daraus resultierende Fehlhaltung der rechten Hand bereiteten ihm starke Schmerzen. Er brauchte sowohl eine adäquate Schmerztherapie als auch einen Facharzt, der eventuelle Operationsmöglichkeiten in Erwägung ziehen könnte.

Auch mit seinem Rechtsanwalt hielt ich immer wieder Rücksprache, um mit Herrn Okeke besprechen zu können, wie der aktuelle Stand seines Verfahrens war und worauf er sich in den nächsten Wochen und vielleicht Monaten einstellen musste, nämlich weiter zu warten, da das Gericht noch immer keinen Termin angesetzt hatte. Auch gab ich ihm wiederholt Erklärungen, wie die Realität in Deutschland aussieht, dass man nicht einfach den zuständigen Richter anrufen könne, um das Verfahren zu beschleunigen.

Dies alles trug dazu bei, dass Herr Okeke verstand, wie das Leben in Deutschland funktioniert, und dieses Verstehen gab ihm wiederum Halt in der ihm fremden Welt. Das beinhaltete auch, dass er nach einer Weile verstand, dass er im laufenden Verfahren nicht damit rechnen musste, nachts von der Polizei abgeholt zu werden, um nach Kamerun abgeschoben zu werden, was ihm zumindest phasenweise etwas Sicherheit und Ruhe vermittelte.

Oftmals konnte ich Herrn Okeke nur zuhören und ihm mein Mitgefühl ausdrücken, dass ich sehen konnte, in welch schlimmer Lebenssituation er zu diesem Zeitpunkt war. Und Trost spenden, dass auch dunkle Zeiten vorübergehen, dass nichts für immer so bleibt, wie es ist, dass das Leben immer im Fluss ist und auch diese schwierige Zeit vorübergehen würde. Hilfreich und tröstend waren Übungen, in denen wir gemeinsam auf sein bisheriges Leben schauten, was er alles aus eigener Kraft schon geschafft oder verändert hatte, was im Leben auch ohne sein Zutun (positiv) in Veränderung gekommen und was ihm im Leben auch schon alles geschenkt worden war[24]. Auf diese Ressourcen zu schauen und auch die Dankbarkeit darüber gaben Herrn Okeke Mut, weiterzumachen, durchzuhalten und sich nicht aufzugeben.

Manchmal war es auch für mich als Therapeutin nicht leicht, da ich über 18 Monate nichts anderes tun konnte, als ihm Beziehung und Stabilisierung anzubieten und einen Raum zu geben, in dem er über alles sprechen konnte, über seine Ängste, Wut und tiefe Verzweiflung, über aktuelle Probleme, aber auch über seine traumatischen Erfahrungen. Meine eigenen Ansprüche an mich, therapeutisch schneller vorankommen und mehr Fortschritte erzielen zu wollen, musste ich beiseite legen. Mit Geflüchteten kann ich aufgrund der äußeren Unsicherheit oft nichts anderes tun, als über die alltäglichen Probleme zu sprechen (s. Kapitel »Plaudern« und »Weitere Mutmachgeschichten«). Und geduldig zuhören, wenn es um die Vergangenheit geht und natürlich um die jetzige Angst in der Zeit des Wartens. Gemeinsam die Schwere tragen, die Unsicherheit aushalten und trotz allem den Blick nach vorne, die Hoffnung, die Zuversicht auf

24 Anregungen dazu s. Reddemann, L. (2018): Eine Reise von 1000 Meilen beginnt mit dem ersten Schritt. Herder, Freiburg im Breisgau

eine bessere Zukunft nicht zu verlieren, das sind meist die therapeutischen Schwerpunkte in der Arbeit mit Geflüchteten mit unsicherem Aufenthaltsstatus. Wir sollten nicht unterschätzen, wie viel wir damit für die Menschen tun, wenn sie bei uns den vielleicht einzig geschützten und geborgenen Ort haben in einer Zeit der großen Unsicherheit, und wie wichtig es ist, dass wir diese schwere Zeit mit ihnen zusammen aushalten und jemand ihnen Mitgefühl und Trost gibt[25].

Zusammenfassung – Was zählt?

Die Therapeutin hat in den Sitzungen nie gesagt, dass sie verstehen könne, wie es dem Klienten geht oder wie er sich fühlt. Es war ihr bewusst, dass sie das nicht behaupten durfte. Sie akzeptierte, dass es ihr schwer möglich war zu erfassen, was die Erfahrungen des Klienten für ihn bedeuteten, da sie Ähnliches nie hatte erleben müssen. Sie blieb an seiner Seite, als er tief verzweifelt war, und ermutigte ihn dazu, seinen eigenen Prinzipien treu zu bleiben, wenn er den Impuls hatte auszurasten. Eine große Herausforderung war es, die Ungewissheit zu ertragen, ob Herr Okeke einen sicheren Aufenthaltsstatus bekommen würde. Zuhören, Präsenz, Mitgefühl und Trost waren zentral.

2.3 Hinweise für die Praxis

Hinweise zur therapeutischen Haltung

- Die Therapeutin muss nicht alles verstehen können, sondern sich einfühlen und dem Klienten mit Respekt begegnen.
- Aus einer bescheidenen therapeutischen Perspektive die leidvollen Erfahrungen und auch die daraus resultierenden Lebensweisheiten unseres Gegenübers anzuerkennen, kann einen guten

25 S. auch Kaster (2018): Grenz-Erfahrungen – Existenzanalytische Psychotherapie mit Geflüchteten, Existenzanalyse, 35/2, GLE

Grundstein für eine gelingende Therapie legen. Gleichzeitig laden wir durch diese Perspektive die resilienten Seiten unserer Patienten in die Therapie ein.

- Als Therapeut sollte ich auch die Grenzen meiner Hilfe aushalten und anerkennen können.
- Die Unterstützung der Stabilität im Äußeren ist ein wichtiger Bestandteil der therapeutischen Arbeit.
- Bei ungesichertem Aufenthaltsstaus liegt der Fokus auf Stabilisierung und Ressourcenaktivierung.
- Erklärungen über das gesellschaftliche Leben und System geben Halt und Orientierung.
- Oft kommt uns Therapeutinnen eine sehr wichtige Rolle als »Übersetzerin« unserer Kultur zu, wodurch viele Brücken gebaut und Integration ermöglicht werden kann.
- Unsere Patienten nicht allein als »Flüchtlinge« zu betrachten, sondern als ganz individuelle Menschen mit vielfältigen Werten, Talenten und Stärken, kann ihnen eine entscheidende Hilfestellung bieten, in Belastungssituationen auf diese Dinge zurückzugreifen.

KAPITEL 3

Vertrauen

3.1 Was Sie erwartet

Viele Geflüchtete haben im Heimatland oder auf der Flucht in die Abgründe menschlicher Grausamkeit blicken müssen. Ihr Vertrauen in ihre Mitmenschen ist oftmals zutiefst erschüttert. In der folgenden Fallgeschichte erzählen wir, wie ein junger Mann innerhalb einer relativ kurzen Behandlungszeit von ca. 20 Therapiestunden seine Fähigkeit, anderen Menschen offen und vertrauensvoll zu begegnen, wiederfand. Wir sprechen in diesem Kapitel darüber, wie das gelingen kann. Dabei ist es uns wichtig, Sie einzuladen, trotz unüberwindbar erscheinenden Hindernissen beim Aufbau der therapeutischen Beziehung, stets die Haltung des wertschätzenden Verstehenwollens zu bewahren. Es ist vor allem hilfreich, wenn wir als Therapeuten vertrauen können und Bereitschaft haben, das Befremden zuzulassen. Wir können unsere Klienten wirksam unterstützen, indem wir ihre individuellen Bedürfnisse erkennen und unsere Beziehungsgestaltung danach ausrichten.

3.2 Yohannes

Christian Gerlach

In einer Therapie mit einem jungen Eritreer durfte ich die ungeheure Kraft einer gezielt eingesetzten therapeutischen Beziehung erleben. Der junge Mann war zu einer Therapiegruppe gekommen, die ich im PSZ für Jugendliche und junge Männer aus Eritrea anbot. Ich führte zunächst mit allen potentiellen Teilnehmern Einzelgespräche, um einschätzen zu können, ob die resilienz- und ressourcenorientierte Gruppe für den jeweiligen jungen Geflüchteten geeignet sein könnte. Beim Erstgespräch mit dem Patienten, nennen wir ihn Yohannes, hakte es bereits. Der Dolmetscher war nicht erschienen, sodass wir irgendwie auf Deutsch und Englisch klarkommen mussten. Was ich verstand, war, dass Yohannes gekommen war, weil er immer wieder starke Kopfschmerzen hinter dem linken Auge hatte. Er schien nicht so recht zu verstehen, warum der Betreuer seiner Wohneinrichtung ihn hierhergeschickt hatte und nicht zu einem Arzt. Außerdem sei ihm ein Dolmetscher zugesagt worden. Er wirkte misstrauisch und ein wenig aufgebracht, als habe man ihn mit falschen Versprechungen hierhergelockt. Ich versicherte ihm so gut ich konnte, dass ein Dolmetscher angefragt gewesen sei, und verschob alle schwierigen Fragen auf den ersten Gruppentermin. Ich fragte Yohannes, ob er durch Erinnerungen an schlimme Erlebnisse in der Heimat oder auf dem Weg nach Deutschland belastet sei? Ob er schlechte Träume habe oder sich schlecht konzentrieren könne? Er ließ sich auf diese Fragen gar nicht ein, vielleicht verstand er sie auch nicht. Er blieb jedenfalls bei der Schilderung seiner Kopfschmerzen. Ich erklärte ihm, dass ich gerne mit seinem Betreuer sprechen würde, um ihm zu empfehlen, wegen dieser Kopfschmerzen auch einen Arzt aufzusuchen. Glücklicherweise wurde Yohannes nach dem Termin von seinem Betreuer abgeholt, sodass ich diesen direkt informieren konnte. Ich führte dieses kurze Gespräch ganz bewusst in Anwesenheit des Patienten, da ich schon den Eindruck hatte, dass Transparenz in diesem Fall besonders wichtig sein könnte.

Zwei Wochen später erschien Yohannes zum ersten Termin der Therapiegruppe. Als einer der Letzten kam er in den Gruppenraum und setzte sich schweigend neben die drei anderen Jugendlichen, die schon munter plauderten. In seinen Gesichtszügen sah ich massives Misstrauen. Seine Stirn lag in Falten, seine Augen waren geweitet und flackerten nervös zwischen den Anwesenden hin und her. Immer wieder schaute er zur Tür. Ich begrüßte die Runde und stellte mich vor. Als der Dolmetscher meine freundlichen und einladenden

Worte auf Tigrinya übersetzte, verdüsterte sich das Gesicht von Yohannes. Er schaute, als habe ich verkündet, ihn wegen eines schweren Verbrechens vor Gericht zu bringen. Er stand auf und sagte auf Tigrinya in die Runde, dass er sehr enttäuscht sei und jetzt gehen werde. Alle Anwesenden schauten irritiert in seine Richtung. Als der Dolmetscher seine Worte für mich übersetzt hatte, war er schon fast bei der Tür. Ich bat ihn auf Deutsch, noch kurz zu bleiben, und dann den Dolmetscher, zu übersetzen, dass ich gerne verstehen würde, weshalb er enttäuscht sei. Er antwortete in fließendem Tigrinya, dass ihm ein Dolmetscher in seiner Muttersprache Tigre zugesagt worden sei. Immerhin war er stehen geblieben, um meine Erwiderung abzuwarten. Ich antwortete, dass es mir sehr leidtue, falls dort ein Missverständnis entstanden sei. Ich würde ihn herzlich einladen, sich erst einmal ganz unverbindlich anzuhören, was ich in dieser Gruppe anbieten würde, offensichtlich verstehe er ja zumindest ein paar Brocken Tigrinya. Er würde sich hierdurch zu nichts verpflichten, müsse kein Geld bezahlen und könne jederzeit wieder gehen.

Nun fingen die anderen Jugendlichen an, auf Yohannes einzureden, viel zu schnell und durcheinander, als dass der Dolmetscher es hätte übersetzen können. Yohannes antwortete genauso schnell und wortreich wie die anderen Jugendlichen und in meinen Ohren sogar in derselben Sprache. Ich saß da und war, wie so häufig, neugierig erstaunt. Da diskutierten vier junge Menschen in einer mir fremden Sprache fließend und wortreich darüber, ob sie einander verstanden! Ich fragte den Dolmetscher, ob Yohannes gerade Tigrinya spreche, was dieser bestätigte. Welch wunderbarer Nährboden dies gewesen wäre, um mich innerlich über die Anspruchshaltung junger Flüchtlinge zu erregen! Ich biete eine kostenlose Therapiegruppe an, und dann ist die Sprache trotz offensichtlicher Verständigungsmöglichkeit nicht gut genug. Da mich meine Arbeit mit geflüchteten Menschen schon viele Male überrascht und eines Besseren belehrt hatte, beschloss ich auch hier, derartigen Gedanken nicht weiter zu folgen und die Situation erst einmal so anzunehmen, wie sie war. Ich hatte hier offenbar einen jungen Mann vor mir, der sich missverstanden und betrogen fühlte. Mit vorschnellen Urteilen hatte dieser Mensch eventuell schon zu tun gehabt.

Der Dolmetscher erklärte mir, dass die anderen Teilnehmer gerade versuchten, Yohannes zum Bleiben zu überreden. Und es funktionierte offensichtlich. Yohannes ging langsam zurück zu seinem Stuhl und setzte sich schweigend. Eine bedrückende Stille breitete sich im Raum aus. Ich versuchte, so viel Vertrauenswürdigkeit und Warmherzigkeit wie möglich in meine Stimme zu legen, als ich sagte, dass offensichtlich unterschiedliche Erwartungen an diese Gruppensitzung bestanden hätten. Ich würde gerne erst einmal erklären, was ich anzubieten habe. Wenn dann noch wichtige Fragen bestünden, könnten Einzelne gerne auch noch ein paar Minuten länger bleiben. Tatsächlich blieb Yohannes bis zum Schluss.

Ich erklärte das Konzept der Resilienzgruppe anhand einfacher Bilder. Wie ein Sporttrainer (alle Teilnehmer waren begeisterte Fußballer) für unser Gehirn, würde ich den Teilnehmern Übungen für innere Stärke und schwierige Situationen beibringen. Ich wies auf die Freiwilligkeit der Teilnahme hin und erklärte meine Schweigepflicht. Ich erwähnte auch, dass das beste Fußballtraining nicht wirkt, wenn man nur auf der Bank sitzt und zuhört. Yohannes saß schweigend da. Zum Schluss erklärte ich, die Therapiegruppe sei über Spenden und Fördergelder finanziert, weswegen wir eine Teilnehmerliste führen wollten. Yohannes' Augen weiteten sich angsterfüllt. Erbost sprang er auf und sagte, er werde gar nichts unterschreiben! Ich schaute ihn verständnisvoll an und schlug vor, dass er nichts zu unterschreiben brauche und er gerne noch ein paar Minuten bleiben könne, damit wir seine Fragen ganz genau klären könnten.

Nachdem die anderen Teilnehmer mit irritierten Seitenblicken auf Yohannes, aber ansonsten zufrieden, gegangen waren, setzten wir uns noch einmal zu dritt zusammen. In gutem Tigrinya erklärte Yohannes erneut, dass er sich auf Tigrinya nicht so gut ausdrücken könne und ihm ein Dolmetscher in seiner Muttersprache Tigre versprochen worden sei. Es fühlte sich an, als stünde ich vor einer meterdicken Betonmauer. Ich drückte mein Bedauern über dieses Missverständnis aus und bot an, einen Tigre-Dolmetscher für ein Einzelgespräch zu suchen. Davon unabhängig könne Yohannes gerne an der Therapiegruppe teilnehmen, die leider nur auf Tigrinya stattfinden würde. Als Antwort bekam ich nur die nun schon bekannten Aussagen über seine schlechten Tigrinyakenntnisse. Zum Abschied versuchte ich eine kleine, aber gezielte Therapieintervention. Ich blickte Yohannes mit einem ernsten und aufrichtig wohlwollenden Blick direkt in die Augen. Ich bedankte mich herzlich bei ihm für sein Vertrauen. Es sei für mich keine Selbstverständlichkeit, dass er geblieben sei. Ich habe gespürt, wie viel Kraft es ihn gekostet hätte, uns eine Chance zu geben. Wir würden hiermit sorgsam umgehen. Ich senkte den Blick und sammelte noch einmal Wohlwollen und Mitgefühl in mir. Dann wiederholte ich meinen Blick, als der Dolmetscher meine Worte wiederholte. Für den Bruchteil einer Sekunde spürte ich eine Verbindung, dann verabschiedete Yohannes sich schroff und ging.

Ich würde an dieser Stelle gern von einer genialen therapeutischen Intervention berichten, muss jedoch anerkennen, dass die wohl wichtigste Zutat beim nächsten Behandlungsschritt von Yohannes sich rein zufällig ergab. Zum nächsten Gruppentermin war Yohannes der Einzige, der erschien. Ein Teilnehmer hatte wegen Krankheit abgesagt und die anderen beiden hatten ein Fußballspiel und waren ohne Absage ferngeblieben. Ich freute mich, dass ausgerechnet Yohannes zur Gruppe gekommen war. Dies sagte ich ihm auch. Ich schlug ihm vor, die Möglichkeit zu nutzen, um herauszufinden, wie ich ihm als Therapeut helfen könnte. Ich legte direkt nach, dass ich wisse, es sei für ihn schwierig, auf Tigrinya zu sprechen. Ich sagte ihm wahrheitsgemäß, meine Suche nach einem Tigre-Dolmetscher sei bislang ohne Erfolg gewesen. Ich fragte den Dolmetscher, ob er jemanden kenne, der Tigre dolmetschen könne. Dieser dachte kurz nach und schlug dann vor, einmal einen eritreischen Kommilitonen zu fragen. Ganz bewusst ließ ich Yohannes unsere Bemühungen miterleben, einen Dolmetscher in seiner Muttersprache zu finden. Daher ließ ich auch alles, was ich mit dem Dolmetscher auf Deutsch besprach, auf Tigrinya übersetzen. Ich wollte hierdurch Yohannes zeigen: Wir nehmen deine Bedürfnisse ernst! Ich überließ es Yohannes, irgendwann das Thema zu wechseln, was er dann auch bald tat. Sein Betreuer habe ihm gesagt, er müsse hier im PSZ unterschreiben. Resigniert und mit leeren Augen blickte er uns an. Sein Betreuer habe auch gesagt, er müsse diese Therapie machen, also werde er unterschreiben. Ich schaute Yohannes direkt an und sagte, dass es für das PSZ sicherlich gut sei, wenn wir eine vollständige Liste hätten, aber mir sei wichtiger, dass die Sache sich für ihn rund anfühle. Ob er im Allgemeinen gut mit seinem Betreuer klarkomme?

Mit dieser Antwort hatte Yohannes offenbar nicht gerechnet. Ich spürte förmlich, wie sein Misstrauen ausgehöhlt wurde und sein Bild ins Wanken geriet. Freudig nutzte ich die Gelegenheit für einen weiteren Vorstoß: Wie wäre es, wenn wir eine Abmachung träfen? Solange ich keinen Tigre-Dolmetscher gefunden hätte, brauche er nicht zu unterschreiben. Er könne in der Zwischenzeit gerne an der Gruppe und auch an Einzelterminen teilnehmen. Ungläubiges Schweigen füllte den Raum. Yohannes schaute mich prüfend und zögernd an. Da sah ich etwas ungemein Ermutigendes in seinen Augen glitzern – einen Anflug von Vertrauen. Und genau darum ging es mir aus therapeutischer Sicht.

Ich begann, Yohannes neben der Gruppe Einzelgespräche anzubieten, weil ich spürte, dass da viel mehr unter der Oberfläche lag, als der erste Blick offenbarte. Während der ersten zwei Gespräche begann Yohannes von unverfänglichen Belastungen zu berichten. Er grübele häufig und schaffe es nicht, ein glückliches Leben zu führen. Er beneide die anderen Jugendlichen in seiner Einrichtung, die einfach nur fröhlich sein könnten. Er gerate oft mit seinem Betreuer aneinander, der sage manchmal seltsame Dinge. Ich intervenierte kurz und bot an, dass Yohannes mir seine Handynummer geben könne, ich gab ihm im Gegenzug meine Diensthandynummer. So könnte er mich direkt kontaktieren, ohne den Betreuer. Wir sprachen auch weiter alles über den Betreuer ab, aber ich glaube, die Möglichkeit, direkt Kontakt aufzunehmen, gab Yohannes therapeutisch wichtiges Kontrollerleben zurück.

Yohannes berichtete, er denke oft an seine Schwester, die er unter schlimmen Bedingungen habe zurücklassen müssen. Er blieb bei seinen Schilderungen häufig vage und oberflächlich, sagte selten verbindliche Dinge. Ich ließ ihm viel Raum, um ihn sein Vertrauen vorsichtig ausprobieren zu lassen. Es fühlte sich an, als beginne ein gelähmter Mensch zum ersten Mal seit Jahren wieder zu laufen. Ich ließ den Dolmetscher vieles rückübersetzen. Hatte ich richtig verstanden, dass er sich einsam und verloren fühlte? Mein Sprach- und Kulturmittler erwies sich als meisterhafter Co-Therapeut. Er übersetzte auch noch die letzte Nebensächlichkeit mit Akribie und Gewissenhaftigkeit. Wenn er sich an etwas nicht mehr genau erinnerte, fragte er noch einmal genau nach. Maximale Transparenz. Gemeinsam mit meinem Dolmetscher schuf ich eine Atmosphäre des wertschätzenden Verstehenwollens. Mit jedem Termin wirkte Yohannes ein klein wenig offener. Doch an seiner grundsätzlichen Wahrnehmung der Welt als feindselig und bedrohlich änderte dies wenig. Er berichtete davon, dass er von seinem Betreuer betrogen werde und eine Lehrerin in der Schule ihn angelogen und dann gezielt habe sitzenbleiben lassen. Er kenne das schon, so sei das immer gewesen. Ich hörte mir seine Ausführungen an und validierte vage, mir seien Gerechtigkeit und Ehrlichkeit auch sehr wichtig. Auch bei der Anhörung zu seinem Asylverfahren sei es so gewesen, beklagte Yohannes. Dort sei ein Dolmetscher erschienen, der nur Arabisch gesprochen habe! Ich hakte nach, wie denn der Stand des Asylverfahrens sei. Es stellte sich heraus, dass das Asylverfahren seit einem Jahr auf Eis lag, seit Yohannes sich geweigert hatte, in der Fremdsprache Arabisch seine Anhörung durchzuführen. Ich fragte, ob er sich denn in der Lage fühle, auf Tigre von seinen Erlebnissen in Eritrea zu erzählen, sollte das Bundesamt für Migration und Flüchtlinge bald eine passende Sprachmittlung finden. Er antwortete, niemand würde verstehen, was er erlebt habe. Er brauche das gar nicht erst zu versuchen. Ich zeigte mich verständnisvoll. Ja, es gebe Dinge, über die man kaum sprechen könne und die kaum jemand verstehe. Ob er denn glaube, dass es für sein Asylverfahren hilfreich wäre, wenn er das trotzdem schaffen würde? Zögerlich antwortete Yohannes mit einem Ja. Ohne das Asylverfahren würde ja nichts weitergehen, und er habe keine Sicherheit.

Ich überlegte. Was würde diesem jungen Mann helfen, wieder Vertrauen in seine Mitmenschen fassen zu können? Wie konnte es mit seinem Asylverfahren weitergehen? Ich hatte eine Idee, glaubte jedoch, sie vorsichtig vermitteln zu müssen, damit es klappte. Am Ende dieser Stunde begann ich mich erneut dafür zu entschuldigen, dass wir immer noch auf Tigrinya arbeiteten. Nach einigen Sätzen des Bedauerns unterbrach mich Yohannes und sagte, er fühle sich von uns recht gut verstanden. Darauf hatte ich gehofft. Ich erklärte, verstanden zu haben, dass ihn die Unsicherheit seines Asylverfahrens belaste. Ich könnte ihm vorschlagen, in der Therapie einmal einen Blick auf seine Fluchtgründe zu werfen und dies für das Asylverfahren genau zu protokollieren. Er kenne uns jetzt ein wenig und könne einschätzen, wie gut wir ihn verstünden. Bevor er mir antworten konnte, sagte ich ihm, dies sei nur ein Angebot, er könne es sich in Ruhe überlegen.

Der junge Mann aus Eritrea nahm mein Angebot einer protokollierenden und detaillierten Traumaanamnese nach einiger Bedenkzeit an. Und so kämpften wir uns gemeinsam durch eine Kindheit, die durch das politische Engagement des Onkels und dessen Ermordung vor den Augen des 11-jährigen Yohannes geprägt war. Mit 12 Jahren wurde Yohannes selbst verhaftet. Zunächst versuchte man ihn nur zu einem Spitzel zu machen, bei späteren Verhaftungen erlebte er die Vielfalt menschlicher Grausamkeit durch Elektrofolter, Schläge bis zur Bewusstlosigkeit und Scheinerschießungen seiner kleinen Schwester. Mehrfach hatte Yohannes halbtot irgendwelche Geständnisse unterschreiben müssen. Ich wunderte mich nicht mehr, dass dieser junge Mann nichts hatte unterschreiben wollen für die Therapiegruppe.

Auch in diesem Fall dokumentierte ich die deutlichen traumareaktiven Verhaltensauffälligkeiten wie Dissoziieren und begleitende vegetative und motorische Reaktionen wie Schwitzen und Zittern sorgfältig, um später meine fachliche Überzeugung von einer realen Traumatisierung untermauern zu können. Auch in diesem Fall half ich meinem Patienten jedes Mal, wieder in die Realität zurückzufinden, indem ich seine Ressourcen aktivierte und in entscheidenden Momenten bei ihm blieb. Ganz gleich, ob ich seine Leidenschaft für Fußball wachrief oder ihn anleitete, sich von der kühlen deutschen Abendluft am geöffneten Fenster wieder aus der Folterzelle in die Gegenwart zu orientieren, immer achtete ich darauf, ihn mit meiner offenen und warmherzigen Umgangsweise daran zu erinnern, was es bedeutet, Mensch zu sein.

Ich gebe zu, manchmal hätte ich lieber einfach nur unterstützend und stabilisierend gearbeitet, statt in den Foltergeschichten herumzuwühlen. Doch ich wusste, dass Yohannes schon bald beim Bundesamt für Migration und Flüchtlinge noch deutlich schonungsloser befragt werden würde. Also achtete ich darauf, jede Unklarheit in meinem Protokoll aufzuklären. Ich recherchierte den Heimatort des Patienten im Internet und zeigte ihm eine Satellitenkarte. Genau dokumentierte ich seinen Gesichtsausdruck, als er mir zeigte, wo das Militärlager gewesen sei und wo die regierungstreuen Bevölkerungsgruppen gelebt hätten. Als mein Protokoll fertig geschrieben war, bot ich Yohannes an, dass wir es rückübersetzen könnten. Ich spürte, wie viel Überwindung es ihn kostete, sich dieser Tortur zu stellen. Und ich spürte auch, wie viel Erleichterung es ihm verschaffte, das Protokoll korrigieren zu können. Er hatte viele Anmerkungen, und die sprachlichen Missverständnisse zeigten mir einmal mehr, wie schnell Missverständnisse entstehen können, wenn Erzählungen durch zwei Gehirne gefiltert werden. Ich korrigierte das Protokoll handschriftlich, unterschrieb es am Ende der Stunde und kopierte es für meinen Patienten. Natürlich steckte ich die Kopie in einen Umschlag und wies ihn an, das Protokoll nicht zu Hause durchzulesen, um eine unkontrollierte Traumakonfrontation zu vermeiden. Mir war allerdings wichtig, dass er einen »Beweis« unserer Korrektur mitnehmen konnte.

Am Ende dieser Sitzung sagte Yohannes mir etwas, was mich zutiefst berührte. Nachdem ich ihn aus den Schrecken seiner Heimat zurück in die Gegenwart seines bevorstehenden Fußballturniers geführt hatte, wurde er ganz leise und sammelte seine Worte. Dann schaute er mich an und sagte, ich und der Dolmetscher seien seit vielen Jahren die ersten Menschen, denen er vertraue. Seit ihm ein junger Landsmann in Libyen geholfen habe, sei er allein gewesen. Diese Worte sind ein Schatz, den ich seither in meinem Herzen trage.

Die therapeutische Beziehungserfahrung erwies sich als sehr heilsam. Yohannes wechselte einige Zeit später in eine andere Wohngruppe, wo er mit seinen Betreuern einen ganz anderen Umgang begann. Zwar litt er weiterhin immer wieder unter Intrusionen und Kopfschmerzen, wegen derer er sich phasenweise zurückzog, sein grundlegendes Misstrauen gegenüber anderen Menschen jedoch hatte er überwunden. Er berichtete mir davon, wie er sich vorübergehend von seinem Fußballtrainer diskriminiert gefühlt habe. Dann habe er sich mit ihm ausgesprochen und seine Probleme beilegen können. In den Therapiegesprächen berichtete er offen und vertrauensvoll von Dingen, die ihn belasteten oder berührten.

Ich schrieb das Bundesamt für Migration und Flüchtlinge an und empfahl, dass ein Sonderbeauftragter für Traumatisierte die Anhörung durchführt. Ich schickte ihnen das mit Yohannes besprochene Protokoll, zusammen mit meiner fachlichen Einschätzung bezüglich der Erlebnisfundierung der Foltererfahrungen. Schon bald wurde ein Termin festgelegt, und Yohannes gelang es bei dieser Anhörung, offen und detailliert von seinen Foltererfahrungen zu berichten – auf Tigrinya, da kein Tigre-Dolmetscher gefunden werden konnte. Innerhalb einer relativ kurzen Behandlungszeit von ca. 20 Therapiestunden konnten wir Yohannes etwas unglaublich Wichtiges zurückgeben: seine grundlegende Fähigkeit, anderen Menschen wieder offen und vertrauensvoll zu begegnen.

Kommentar

Nun könnte man sicherlich vortrefflich darüber diskutieren, ob jeder Flüchtling, der nach Deutschland kommt, mit Therapieangeboten umworben werden muss. Man darf sich sicherlich auch ohne schlechtes Gewissen hinter das Argument stellen, dass Psychotherapeutinnen sich nicht, und schon mal gar nicht ungefragt, in Asylverfahren einmischen sollten. Dennoch bleibt für alle Behandlerinnen psychischer Erkrankungen die Frage zu beantworten, wie wir als Heilberufler mit der Tatsache umgehen möchten, dass tausende psychisch belastete, schwer traumatisierte und in ihrem Glauben an die Menschlichkeit zutiefst erschütterte Menschen unter uns in Deutschland leben. Viele davon leben mindestens über Jahre, manchmal Jahrzehnte in krank machender aufenthaltsrechtlicher Unsicherheit. Sie werden durch traumatologische Unwissenheit vieler Akteure im Rahmen ihrer Asylverfahren in die Grenzbereiche menschlicher Leidensfähigkeit gebracht. Aus unserer Erfahrung hat es sich bewährt und ist wichtig, Patienten und Klienten auch durch Verfassen von Stellungnahmen zu unterstützen. Auch auf das Risiko hin, ab und zu einmal auf einen desinteressierten Simulanten zu treffen, den wir jedoch mit unserem Fachwissen schnell erkennen würden.

3.3 Hinweise für die Praxis

Hinweise zum Umgang mit Regeln

- In der therapeutischen Arbeit mit Geflüchteten kann ein flexibler Umgang mit Regeln die therapeutische Beziehung entscheidend stärken, da es die Botschaft sendet: Deine Bedürfnisse sind wichtig, und ich sehe sie, auch wenn es bestimmte Regeln zu beachten gibt. Dies bedeutet nicht, wichtige Regeln für immer außer Kraft zu setzen. Hilfreich ist allerdings sicherlich, uns bewusst zu machen, dass wir es in der deutschen Kultur gewohnt sind, uns eher rigide an Regeln festzuhalten.
- Viele Geflüchtete nehmen gern Kontakt über moderne Medien wie WhatsApp oder Facebook auf. Indem wir konsequent und von Anfang an auf unsere bevorzugte Kontaktaufnahme verweisen (»Rufen Sie bitte zu meinen Sprechstundenzeiten an. Hinterlassen Sie mir eine Nachricht auf der Mailbox.«) lässt sich die Kontaktaufnahme in der Regel gut steuern.

Hinweise zur Arbeit mit Sprach- und Kulturmittlern

- Da sich auch das Verhalten unserer Dolmetscher therapeutisch auswirkt, lohnt es, unsere Grundhaltung des »wertschätzenden Verstehenwollens« in Vor- und Nachgesprächen zu erklären und vorzuleben.
- Auch Nebensächliches übersetzen zu lassen, bildet Vertrauen und ermöglicht eine Begegnung auf Augenhöhe.

Hinweise zur Haltung der Therapeutinnen

- Bei Irritationen kann eine Rückbesinnung auf eine offene und neugierige Grundhaltung helfen.
- Eigene Vorbehalte und Vorurteile aufrichtig und selbstkritisch wahrzunehmen kann helfen, ihnen nicht blind zu folgen.
- Gerade Folteropfer müssen oft neu lernen, an Menschlichkeit zu glauben. Ein erster lohnender Schritt ist es, diese durch eine warmherzige und offene Umgangsweise im Gespräch vorzuleben.
- Das Anerkennen und Benennen, wenn Patienten sich auf der Suche nach Hilfe auf Unbekanntes und Bedrohliches einlassen (zum Therapeuten gehen, trotz Vorbehalten und Warnungen von Landsleuten Vertrauen mitbringen etc.), kann Verbundenheit und Vertrauen schaffen.

Beispiel für eine protokollierende Anamnese für das Bundesamt für Migration und Flüchtlinge

Hinsichtlich des zentralen Asylgrundes werden die relevanten traumatischen Erlebnisse exploriert. Hierbei wird der Stabilität des Klienten oberste Priorität gegeben. Er wird chronologisch zu den Ereignissen befragt. Zeigt er beim Erzählen eine intensive körperliche Reaktion (schwitzen, zittern, stocken, schweres Atmen), so wird er sanft unterbrochen, und es werden noch vor dem Übersetzen der Inhalte Stabilisierungsübungen durchgeführt:

»Yohannes? *(Blickkontakt suchen)* Trink doch mal einen Schluck

Wasser! Lass uns kurz zusammen aufstehen und aus dem offenen Fenster dort schauen. *(Aufstehen und gemeinsam zum Fenster gehen)* Was kannst du sehen, wo bist du gerade? Wenn der Dolmetscher mir gleich übersetzt, was du gesagt hast, versuch einmal, langsam in den Bauch zu atmen *(Bauchatmung vormachen)*.«

Es kann hilfreich sein, mehrfach zu erklären, dass deutsche Behörden Daten und Jahreszahlen sehr schätzen und am liebsten zu jedem Erlebnis ein Datum und eine Tageszeit hören möchten. Unseren Patientinnen zu raten, Unsicherheiten bitte ehrlich zuzugeben, statt aus Höflichkeit ein paar Zahlen zu nennen, kann viele Probleme aus dem Weg räumen. Dem therapeutischen Untersucher kann es helfen, sich einmal wirklich vorzustellen, das eigene Leben wäre nicht seit der Geburt durch Uhren und Kalender strukturiert worden (z. B. durch Unterrichtszeiten, Ferien, Termine der Eltern etc.) und es wäre auch nicht jedes Jahr das aktuelle Lebensalter gefeiert worden. Auch aus psychologischer Sicht kann es eine spannende Perspektive darstellen, sich bewusst zu machen, dass eine vorrangig chronologisch ausgerichtete Gedächtnisstrukturierung auch das Produkt kultureller Prägung ist. Mit dieser Einsicht fällt es uns dann leichter, eine stärker ereignisbezogene Erinnerungseinbettung differenziert zu bewerten und nicht sofort die Glaubhaftigkeitsfrage zu stellen, wenn beispielsweise Zeiträume (»Warst du zwei oder drei Monate im Gefängnis?«) nicht mit deutscher Präzision erinnert werden können.

Bei Unklarheiten sollte auf jeden Fall nachgefragt werden, und auch unsere Dolmetscher sollten wir ermutigen, bei Verständnisproblemen lieber einmal zu viel als einmal zu wenig nachzufragen. Wenn mehrere Sitzungen durchgeführt werden, kann zu bereits berichteten Ereignissen noch einmal nachgefragt werden. Hierbei zeigen sich Missverständnisse dann besonders deutlich. Heftige traumatische Erlebnisse sollten nach Möglichkeit gedanklich abgeschlossen werden (»Wann warst du wieder in Sicherheit?«), bevor wir die Sitzung beenden. Hierfür sollten wir ausreichend Zeit einplanen, um das Gespräch mit einer Ressourcenaktivierung abschließen zu können.

Wenn wir die asylrelevanten Erlebnisse differenziert exploriert und zeitnah dokumentiert haben, lohnt es bei ausreichender Stabilität der Betroffenen, das Protokoll Schritt für Schritt rückübersetzen zu lassen. Hierdurch können wir sicherstellen, dass wir nicht mit einem gut gemeinten, aber beispielsweise schlecht gedolmetschten Protokoll den Betroffenen beim Bundesamt für Migration und Flüchtlinge mehr Probleme bereiten, als sie ohne das Protokoll gehabt hätten. Erfahrungsgemäß gibt es leider viele Einzelentscheider, die auch kleine Abweichungen und Widersprüche (beispielsweise wenn es statt »Polizisten« »Soldaten« heißt – was ja auch durchaus am Dolmetscher liegen könnte) als willkommenen Grund nutzen, einen Asylantrag als »offensichtlich unbegründet« abzulehnen. Darüber hinaus bietet eine Rückübersetzung eine wunderbare Gelegenheit zu sehen, wie treffend wir und unsere Sprachmittlung die Worte der Klienten verstanden haben.

Kommentar

Hinweis zum Gruppensetting

Ziel der erwähnten Therapiegruppe war es, je ca. fünf jungen Menschen jeweils eines bestimmten Sprachraumes eine Gruppenerfahrung anzubieten, in der einerseits Therapieübungen vermittelt wurden und gleichzeitig auch Kontakte zu anderen jungen Menschen in ähnlichen Lebenslagen geknüpft werden konnten. Inhaltlich wurde nicht auf die individuellen Traumata fokussiert, sondern es wurden Ressourcen- und Resilienzübungen vorgestellt. Nach einem psychoedukativen Einstieg über die neurobiologische »Normalität« traumareaktiver Symptome nach Extremerlebnissen[26] wurden beispielsweise individuelle Kraftgeber entlang der Leitfrage: »Welche Eigenschaft oder Fähigkeit brauchst du für die bevorstehende schwierige Situation XY?« gesucht. Die Jugendlichen wünschten sich Mut oder Selbstsicherheit oder Zuversicht. Dann wurden gemeinsam Symbole und Leitbilder für diese Eigenschaften gesucht. Die Teil-

26 S. Kapitel 10, S. 158

nehmer dachten an kraftvolle Tiere, menschliche Vorbilder und erzählten Anekdoten aus dem eigenen Leben. Als jeder eine konkrete Vorstellung vor dem inneren Auge sah, durften sich die Jugendlichen einen Stein oder eine Muschel aus einer Kiste nehmen. Diese Gegenstände wurden dann in einer angeleiteten Imagination mit der entsprechenden Ressource »aufgeladen«.

KAPITEL 4

Suizidalität und Krisen aushalten

4.1 Was Sie erwartet

Wir stellen dieses Kapitel unter das Motto eines Satzes des großen Viktor E. Frankl, der den Naziterror und sogar Auschwitz überlebt hat: »Es kann aber überhaupt kein Mensch wissen, ob er vom Leben noch etwas zu erwarten hat und welche große Stunde auf ihn vielleicht noch wartet[27].«

Wir sprechen darüber, wie in Krisen Hoffnung und Zuversicht helfen können. Diese Haltungen benötigen vor allem wir als Begleitende, was oft schwer ist, was auch hier anklingt. Wichtig ist auch, dass die Therapeutin sich auf Beziehungswünsche des Klienten einlässt, was in anderen Therapieverfahren eher abgelehnt wird.

4.2 Herr Okeke

Simone D. Kaster

Es kamen immer wieder suizidale Gedanken auf bei Herrn Okeke, da das Leben seinen Wert verloren zu haben schien. Es war nicht leicht, ihn so zu verankern, dass er während der langen Zeit des Wartens auf den Ausgang seines Asylverfahrens wenigstens ein wenig Sinn finden konnte, der ihn bis zu unserer nächsten Therapiesitzung weiter

27 Frankl, V.E. (2007): Ärztliche Seelsorge, Grundlagen der Logotherapie und Existenzanalyse, 2. Aufl., München: Deutscher Taschenbuch Verlag

aushalten ließ. Wenn wir unsere Heimat verlieren, die wichtigsten Menschen zurücklassen müssen, keine Aufgaben mehr haben, nicht Teil der neuen Gesellschaft sind und nicht mal wissen, ob das Aushalten und Warten auf die Entscheidung des Bundesamtes für Migration und Flüchtlinge (BAMF) oder des Verwaltungsgerichts einen Sinn hat oder ob ich zurück in das Land geschickt werde, in dem ich verfolgt und gefoltert wurde, dann ist es schwer, den Mut nicht zu verlieren. Wir konnten immer nur in kleinen Schritten denken, immer von Sitzung zu Sitzung, einen überschaubaren Zeitabschnitt, den es auszuhalten galt. Dann mussten wir wieder von Neuem suchen, welchen Sinn es haben konnte, die Angst und Unsicherheit noch weiter auszuhalten. Wir sprachen auch oft darüber, dass keiner von uns wissen könne, was er vom Leben noch zu erwarten habe, nicht die Dauer seines Lebens, nicht die noch kommenden Schicksalsschläge, aber eben auch nicht die Geschenke und die Aufgaben, die das Leben für uns vielleicht noch bereithalten würde.

In dieser Zeit gab die Religion Herrn Okeke viel Kraft, das Freitagsgebet und auch das Wissen, dass er seiner Mutter das Herz brechen würde, wenn er Suizid begehen würde. Auch die kleine Hoffnung, dass er vielleicht irgendwann doch seine Kinder wiedersehen könnte, was ihm derzeit zwar nur über Skype möglich war; aber irgendwann, so hoffte er, könne er sie zumindest auch finanziell wieder unterstützen, das ließ ihn aus- und durchhalten. Ich selbst sagte ihm immer wieder, dass auch ich wolle, dass er lebe, dass wir das gemeinsam aushalten und schaffen würden, dass ich die Hoffnung und Zuversicht habe, dass auch wieder bessere Zeiten für ihn anbrechen würden.

Wie wichtig es ist, die Hoffnung und Zuversicht zu bewahren, zeigt sich auch in einer späteren Entscheidung Herrn Okekes: Nach vielen zeitlich befristeten und schlecht bezahlten Aushilfsjobs hatte er beschlossen, eine Berufsausbildung zum Photovoltaiktechniker zu absolvieren. Wie er mir sagte, trüge er immer noch die tiefe Hoffnung und Zuversicht in sich, dass sich die politische Situation in Kamerun eines Tages ändern würde und er in seine Heimat zurückkehren könne. Deshalb entschied er sich für eine Ausbildung im

Bereich der erneuerbaren Energien, da er im sonnenreichen Kamerun mit seinem neuen Beruf etwas zur Entwicklung seines Landes und zur Verbesserung der Lebensqualität der Menschen beitragen wolle. Bis zum Zeitpunkt seiner Rückkehr sei es ihm möglich, mit seinem Gehalt in Deutschland seine Kinder in Kamerun finanziell zu unterstützen.

Den Blick so auf seinen bisherigen und zukünftigen Lebensweg gerichtet, ist es Herrn Okeke gelungen, seiner jetzigen, nicht immer leichten Lebenssituation einen Sinn zu geben, dazu seine leidvollen Erfahrungen in seine Biographie zu integrieren und in einen größeren Sinnzusammenhang zu stellen. Unter der Trennung von seinen Kindern und seiner Familie leidet er natürlich weiterhin, aber er hat eine neue Frau in Deutschland gefunden und baut sich nach und nach ein soziales Umfeld auf.

Krisen aushalten

Eine schwere Krisensituation durchlebten wir zu dem Zeitpunkt, als Herr Okeke seine Aufenthaltserlaubnis bekommen und einen Arbeitsplatz gefunden hatte. Aufgrund der Entfernung seiner Arbeitsstelle zu seinem Wohnort wurde ihm nach langem Kampf (und mehreren Bescheinigungen sowohl vonseiten seines Arbeitgebers als auch von mir) die Erlaubnis erteilt, den Wohnort zu wechseln. Dieser Wohnortwechsel und der damit verbundene Wechsel der für ihn zuständigen Behörden verursachte Unregelmäßigkeiten in den Zahlungen der Leistungen, die Herr Okeke erhielt, denn mit seiner Arbeit konnte er seinen Lebensunterhalt noch nicht vollständig allein bestreiten. Da er zu diesem Zeitpunkt aber schon psychisch sehr stabil war und nur noch in größeren Abständen zu mir in die Praxis kam, bekam ich seine Probleme nicht sofort mit. Eines Nachmittags hatte ich einen Anruf von Herrn Okeke auf meiner Mailbox, bei dem er sich bei mir für alles bedankte, was ich für ihn getan hatte, er könne nun aber nicht mehr, da sein Konto seit einer Woche gesperrt sei und er seit einer Woche auch nichts mehr gegessen habe, da er an kein Geld mehr käme. Er würde nun zu der zuständigen Sachbearbeiterin bei der Behörde fahren, und wenn sie sein Konto nicht wieder freigeben würde, würde er erst die Dame und dann sich selbst töten. Von seiner Familie habe er sich auch schon verabschiedet. Herr Okekes Stimme klang entschlossen und emotionslos, sodass ich den Ernst der Situation sofort erkannte. Natürlich versetzte mich die Nachricht in helle Aufruhr, und ich überlegte, was nun zu tun sei, dass ich eigentlich sofort die Polizei verständigen müsste. Glücklicherweise erreichte ich ihn telefonisch, und ich konnte ihn zunächst so weit beruhigen, dass er mir glaubhaft versprach, an diesem Tag nichts zu tun, sondern wie immer zur Arbeit (er arbeitete in Nachtschichten) zu gehen und am nächsten Morgen gleich zu mir zu kommen. Am nächsten Morgen kaufte ich zwei belegte Brötchen für ihn und wartete zur verabredeten Zeit auf Herrn Okeke. Er kam nicht. Da er immer recht pünktlich und zuverlässig gewesen war, versuchte ich ihn nach 20 Minuten telefonisch zu erreichen. Er hob nicht ab. Die Zeit verstrich, und ich konnte ihn auch weiterhin nicht telefonisch erreichen, sprach ihm aber mehrmals auf die Mailbox mit der dringenden Bitte um Rückruf. Währenddessen hatte ich mit der Sozialarbeiterin und der Bankmitarbeiterin gesprochen und immerhin erreicht, dass sein Konto wieder freigegeben worden war, nachdem ich die Umstände und Missverständnisse geklärt hatte und auch, dass Herr Okeke seit einer Woche ohne Nahrung geblieben war. Diese Information, dass er wieder an sein Geld könne, sprach ich ihm auch auf die Mailbox. Je mehr Zeit verstrich, desto nervöser wurde ich. Ich stand in der Zwickmühle, die Polizei einschalten zu müssen, aber gleichzeitig wusste ich, dass, sollte doch ein triftiger Grund vorliegen, warum Herr Okeke nicht pünktlich zu mir hätte kommen können, weil er z. B. nach der Nachtschicht eingeschlafen oder krank wäre, die Polizei vor seiner Tür ihn mit hoher Wahrscheinlichkeit retraumatisieren würde. Meine innere Stimme sagte mir auch, dass Herr Okeke zu solchen Taten nicht fähig sei, vor allem, wenn er mir sein Versprechen gegeben hatte, weder einer anderen Person noch sich selbst etwas anzutun. Sollte ich nun die Polizei einschalten, wäre unsere Vertrauensbasis und unsere Beziehung, die wir über so lange Zeit aufgebaut hatten, für immer zerstört gewesen. Ich setzte mir also selbst ein Zeitlimit, bevor ich die Polizei verständigen wollte, und versuchte weiterhin, Herrn Okeke zu erreichen. Mit Nachrichten auf seiner Mailbox machte ich deutlich, dass ich mir ernsthaft Sorgen um ihn machte. Endlich, nach mehreren Stunden, kam sein Rückruf: Es täte ihm unglaublich leid, er sei krank und nach der Arbeit eingeschlafen, er sei so erschöpft von den vielen Tagen ohne Essen, dass es ihm unmöglich sei, heute noch den Weg zu mir auf sich zu nehmen. Er war glücklich darüber, dass er nun wieder an Geld kam, und wollte sich gleich auf den Weg machen, um etwas einkaufen zu gehen und wieder zu Kräften zu kommen. Er versprach, am nächsten Tag zu mir zu kommen, damit wir über alles, was ihm in der letzten Woche widerfahren war, sprechen konnten. Am nächsten Tag kam er auch überpünktlich und sah sehr erbärmlich und abgemagert aus. Wir sprachen über das, was in der letzten Woche passiert war und dass er mich bei solchen Problemen, wenn es ihm so schlecht ging, doch bitte frühzeitiger kontaktieren solle. Ich fragte ihn, ob er mir denn jetzt versprechen könne, dass er sich nichts antun würde. Dieses Versprechen konnte er mir nicht geben, da er durch den Vorfall und seine körperliche Verfassung psychisch wieder instabil geworden war und er nach dem Sinn des Ganzen, seines Lebens, seiner Zukunft fragte. Ich machte ihm deutlich, dass ich ihn dann nicht mehr gehen lassen dürfe, sondern dafür sorgen müsse, dass er in einer Klinik untergebracht würde, was er jedoch nicht wollte, da er nach seiner Zeit im Gefängnis nie wieder die Erfahrung des Eingesperrtseins machen wollte. Ich erklärte ihm, dass es für mich als seine Psychotherapeutin Konsequenzen haben könne, wenn er Suizid begehen würde. Er war erschrocken darüber, dass er mir damit Probleme bereiten könne, und beteuerte, dass er dies auf gar keinen Fall wolle. Letzlich versprach Herr Okeke mir dann doch glaubhaft, dass er sich nichts antun würde, er brauche aber dazu meine Hilfe: Ich solle bitte jeden Tag mit ihm telefonieren. Als er diese Bitte äußerte, merkte ich, dass sich in mir sofort ein Widerstand bildete. Was würde ich mir damit aufhalsen?! Was wäre, wenn ich einen Tag nicht dazukäme, ihn anzurufen? Würde er es dann als Zurückweisung, Gleichgültigkeit meinerseits auffassen? Hätte das dann Konsequenzen? Und wäre ich dann dafür verantwortlich? Ich entgegnete ihm, dass ich nicht die Zeit dazu hätte, jeden Tag mit ihm zu sprechen. Er bat nochmals, täglich, nur ganz kurz, ein paar Minuten, mit ihm zu sprechen, denn er brauche derzeit dringend meine Unterstützung und das Wissen, dass er nicht ganz allein sei, sondern jemand an ihn denke, dass er einmal am Tag eine ihm vertraute Stimme höre. Ich willigte letztlich ein, obwohl ich eine große Verantwortung auf meinen Schultern spürte. Wir telefonierten also jeden Tag, selbst am Wochenende, ein bis zwei Minuten, was ihm völlig ausreichte. Ich erkundigte mich, ob er etwas gegessen hatte, wie es ihm körperlich ging und wie er sich psychisch fühlte. Nach wenigen Tagen war schon eine deutliche Verbesserung seiner Stimmung spürbar. Nach 10 Tagen meinte er, es sei nun in Ordnung, wenn ich ihn jetzt nicht mehr anrufen würde, es käme nun das Wochenende und ich solle mich auch mal ausruhen von der Arbeit. Er bedankte sich sehr herzlich für meine Unterstützung, ohne die er die Zeit nicht durchgestanden hätte. Wir verabredeten, dass ich mich nach drei Tagen wieder bei ihm melden würde, und so ließen wir nach und nach immer größere Abstände zwischen unseren Telefonaten entstehen, bis er wieder ganz stabil und selbständig seinen Alltag bestreiten konnte.

Warum ich so zögerlich und im Widerstand auf die Bitte Herrn Okekes reagiert hatte, begründet sich folgendermaßen: In meiner psychotherapeutischen Praxis hüte ich mich davor, in solche Beziehungsdynamiken verstrickt zu werden, da Therapie Hilfe zur Selbsthilfe sein und nicht in ein Abhängigkeitsverhältnis zur Therapeutin führen sollte.

In den Psychosozialen Zentren werden die Klienten in der Regel von einer Sozialarbeiterin und einer Therapeutin betreut, d.h., es gibt ein Hilfesystem aus zumindest zwei Vertrauenspersonen, die bestenfalls noch durch hauptamtliche Flüchtlingsbetreuer und/oder ehrenamtliche Begleiter ergänzt werden. Im Unterschied dazu liegt in der niedergelassenen Praxis die Verantwortung in Ausnahmesituationen in den meisten Fällen allein auf den Schultern der Therapeutin. Daher ist es auch für Therapeuten, die in eigener Praxis arbeiten, sinnvoll, möglichst eine weitere Vertrauensperson im Umfeld des

Klienten zu haben und diese – vor allem in Krisensituationen – miteinzubeziehen.

Jedoch kann ich auch aus mehrfacher Erfahrung sagen, dass bei Geflüchteten dieser Hilferuf nach Beziehung und Halt nur vorübergehend ist und die enge Beziehung zur Therapeutin von ihnen selbst auch wieder gelöst wird, sobald wieder die nötige Stabilität gegeben ist.

Zusammenfassung

Krisen und vor allem suizidales Verhalten von Patienten sind große Herausforderungen, die an unsere Fähigkeit appellieren, Halt zu geben und Hoffnung zu entwickeln. Bei aller Vorsicht, sich dabei nicht in Beziehungsdynamiken zu verstricken, ist es bei Geflüchteten lohnenswert, dem Hilferuf nach Beziehung und Halt aktiv zu entsprechen, insbesondere bei alleinstehenden Personen.

Unserer Erfahrung nach benötigen alleinstehende, entwurzelte Geflüchtete phasenweise besonders viel Halt. Wenn wir ihnen die Hand reichten, wurde sie meist fest, jedoch respektvoll und dankbar ergriffen. Und in den allermeisten Fällen ließen unsere Patientinnen von selbst und recht bald wieder los, sobald sie wieder etwas mehr Boden unter den Füßen spürten. Langwierige Verstrickungen, wie wir sie aus der Arbeit mit Menschen mit schweren Persönlichkeitsstörungen kennen, waren sehr selten.

4.3 Hinweise für die Praxis

Hinweise zum Umgang mit Krisen

- In Krisenzeiten ist manchmal eine engmaschige Unterstützung notwendig.
- Sollte es im Umfeld oder Hilfesystem des Klienten weitere Vertrauenspersonen geben, ist es empfehlenswert, diese miteinzubeziehen.
- »Ich will, dass du lebst, und ich halte mit dir aus!« Hoffnung bewahren ist existentiell in Krisenzeiten.

- Bei suizidalen Krisen bei ungesichertem Aufenthaltsstatus immer in überschaubaren Zeitabschnitten denken.
- In manchen Situationen ist es unbedingt notwendig, auch konkrete Hilfe in Form von sozialarbeiterischen Tätigkeiten zu leisten.
- Traumaintegration erfolgt auch durch die Einbettung des Erlebten in einen größeren Sinnzusammenhang.
- Weder vorschnell in die akute psychiatrische Behandlung einweisen noch diese Möglichkeit aus den Augen verlieren.

KAPITEL 5

Leichtigkeit zulassen: Plaudern als hilfreiche Art, Gespräche zu beginnen

5.1 Was Sie erwartet – eine längere Einleitung

Leichtigkeit zulassen heißt, dass wir in der Arbeit mit geflüchteten Menschen aus anderen Kulturen, Ländern und Gesellschaften, anders als wir das in Psychotherapien gewohnt sind, nicht erwarten sollten, dass sofort ein »therapeutisches Gespräch« stattfinden kann – was auch immer das genau ist. Eine hilfreiche Art, die Gespräche überhaupt zu beginnen, ist z. B. das Plaudern.

Manchen mag das unseriös erscheinen, und für viele Psychotherapeutinnen mag das Wort »plaudern« auch so klingen. Fachlich ausgedrückt geht es um ein Bemühen, einen angstfreien Raum zur Verfügung zu stellen, aus dem heraus sich nach und nach eine Erfahrung von sicherer Bindung entwickeln kann. Das Spielerische erleichtert und unterstützt diese Entwicklung.

Wenn wir uns in die Situation eines Menschen versetzen, der in eine für ihn weitgehend fremde Situation kommt, kann sich der Sinn des Plauderns vielleicht erschließen:

Man kommt sich auf eine möglichst ungezwungene, leichte Art näher. Es ist eine behutsame Art des Sichbegegnens, die nach und nach immer mehr Vertrauen ermöglichen kann. Auf die Dauer soll sich, wie bei anderen Patienten auch, ein Arbeitsbündnis entwickeln, bei dem wir gemeinsam an Belastungen arbeiten, die als Folgen des erlebten Schreckens und der Grausamkeiten anderer Menschen entstanden sind.

Anders, als wir es sonst in Psychotherapien gewohnt sind, haben Flüchtlinge, wenn sie in unserer Praxis angekommen sind, oft eine lange Anreise hinter sich. Auch heute, wie nach dem Zweiten Weltkrieg, werden Flüchtlinge zum großen Teil in ländlichen Gebieten untergebracht. Unsere Patientinnen und Patienten kommen beispielsweise aus einem Umkreis bis zu 100 km mit öffentlichen Verkehrsmitteln zu uns. Sie steigen mindestens einmal um. Je nachdem, wie krank und fit sie sind, werden sie begleitet, entweder von ehrenamtlichen Helfern, Betreuern der Flüchtlingsberatungsstellen oder von Familienangehörigen. Der Weg zu einer Psychotherapie kann daher für alle Beteiligten sehr anstrengend sein.

Wenn ich Patienten aus dem Warteraum abhole, versuche ich immer einen Blick auf die Begleiter zu werfen. Das ist sehr lohnend. Schon da gibt es erste Hinweise darauf, ob Patienten eine Last für alle sind, ob die Familie mitbelastet ist, ob sie jemanden haben, der mit ihnen mitfühlen kann, ob sich begleitende Jugendliche für ihre Eltern schämen etc. Noch besser als »nur einen Blick zu werfen« ist es, wenn es geht, die Begleiter zu begrüßen, sich auch ihnen vorzustellen und ihnen mitzuteilen, wie lange das Gespräch dauern wird. Ich pflege es den Begleitern zu sagen, dass wir uns (damit sind ich, unsere Institution und Dolmetscher gemeint) während des Gespräches um die Patientin kümmern und dass sie die Wahl haben, sich entweder im Warteraum aufzuhalten oder das Klinikgelände zu nutzen. Die Reaktion der Begleiter und der Patienten ist darauf höchst unterschiedlich. Manche fordern ihre Begleiter oder Angehörige auf, »ruhig zu gehen«, »was für sich zu machen«. Einige möchten, dass sie in der Nähe, also im Warteraum, bleiben und auf sie warten. Andere verlangen das regelrecht. Manchmal entstehen hier kleine und sehr interessante Diskussionen zwischen den Beteiligten. Wenn sich keine weiteren Patienten im Warteraum befinden, lasse ich diese Diskussionen auch mal »dauern«. Das kann eine Art sein, das Gespräch mit meinem Patienten schon – indirekt – zu beginnen. Wenn ich nachher im Behandlungszimmer allein mit dem Patienten sitze, ist das Gefühl der Vertrautheit oft allein dadurch, dass wir im Warteraum schon miteinander ein paar Worte gewechselt haben, da. Wir kennen uns halt schon ein wenig.

»Jetzt können wir beide in Ruhe das Gespräch hier weiterführen. Möchten Sie erst mal etwas trinken?«

»Jetzt bin ich für Sie da. Darf ich Ihnen erst mal ein Glas Wasser anbieten?«

»Wir haben schon im Warteraum kurz miteinander gesprochen. Jetzt kenne ich Ihren Mann/Ihre Frau/Ihre Helferin/Ihr Kind … Wer gehört noch zur Familie? …«

Wenn Patienten von ihren noch minderjährigen Kindern begleitet werden, bitte ich die Patienten, dass sie ihre Kinder auffordern, während des Gesprächs im Warteraum zu warten. Manchmal tue ich das selber und ermutige sie bei irgendwelchen Unklarheiten, sich an das Personal im Sekretariat der Ambulanz zu wenden. Die in der Regel deutsch sprechenden Kinder können das gut annehmen.

Wenn Patienten regelmäßig zu mir kommen, muss ich das selbstverständlich nicht vor jedem Termin machen. Zu Beginn der Behandlung wiederhole ich das eventuell noch ein zweites oder drittes Mal, bis alle Beteiligten sicher sein können, dass ich als Therapeutin mich für die Patientin/den Patienten während des Gespräches zuständig fühle und Verantwortung übernehme. Während dieser Zeit können alle anderen »aufatmen«. Das ist etwas ganz Wertvolles, etwas, das Begleiter, Helfer und Patienten entlastet, ein wenig Leichtigkeit, aber auch Sicherheit und Orientierung vermittelt.

Das Wartezimmer ermöglicht, sich schon vor dem Gespräch mit der Patientin von ihr und ihrer Lebenslage berühren zu lassen. Nicht selten kann man gesamte Familien sehen. Was für eine exklusive Chance für uns Therapeuten! Sonst sind wir in Therapien eher gewohnt, mühsam Familiengespräche zu organisieren und zu terminieren. Interessanterweise werden diese Umstände von Therapeuten eher beklagt und werden als nachteilig und störend erlebt. Wir können uns dadurch regelrecht genervt und überfordert fühlen, da unser therapeutisches Werk dadurch angeblich bedroht werden soll. Wer

Geflüchtete, insbesondere wenn diese noch nicht lange in Deutschland leben, behandelt, weiß, wie wichtig es ist zu lernen, potentiell störenden und irritierenden Situationen mit einer gewissen Leichtigkeit zu begegnen. Ich (L. J.) habe das von einer Freundin und Kollegin (Dr. Majda Happ) gelernt. Sie hat sich das wiederum von Prof. Johannes Kruse abgeguckt und mir begeistert und uneigennützig darüber berichtet. Am Anfang ist es, wie alles Neue, was erlernt werden muss, verständlicherweise nicht leicht. Gute Vorbilder, unterstützende Kollegen und gegenseitiger Austausch sind für uns Therapeutinnen hilfreich.

5.2 Frau Nura und ihre Begleiter

Ljiljana Joksimovic

Zu meiner o. g. Kollegin wurde eine junge Frau von mehreren männlichen Familienangehörigen gebracht (Vater, älterer Bruder und ein schon lange in Deutschland lebender Onkel mit seiner Frau). Warum auch immer war es ihnen nicht möglich zu akzeptieren, dass die Therapeutin allein mit der Patientin spricht. Sie gaben an, dass sie seit Monaten mit niemandem redet. Die Therapeutin hielt an ihrer Regel fest. Die Begleiter wurden immer aufgeregter, sie verlangten schnelle Hilfe und stellten die Kompetenz der Therapeutin infrage. Die Frau des Onkels drohte mit einer Beschwerde. Die Therapeutin drohte mit dem Oberarzt. In Wirklichkeit hatte sie sehr viel Angst vor der Situation und flüchtete regelrecht die Treppe hoch. Zum Glück war der Oberarzt zu sprechen und hörte zu. Zu der Therapeutin sagte er: »Wir nehmen erst mal alle rein. Dann schauen wir weiter.« – »Das sind fünf Personen«, sagte sie. »Ja, dann sind wir insgesamt sieben«, sagte er. Anschließend rief er die Anmeldung an und bat die Sekretärin, die gesamte Familie samt Patientin zu ihm zu schicken. M. H. berichtete mir von der Art und Weise, wie der erfahrene Therapeut seinen Raum inspizierte, den unerwarteten Besuch vorbereitete und die Tür des Büros schon vor ihrer Ankunft öffnete. Sie berichtete, wie der Oberarzt sich über »belanglose« Dinge mit den Männern unterhielt: ob sie lange Anreisen hatten, ob es Staus auf der Autobahn gab, wo der Onkel arbeitet, ob er an dem Tag frei hatte, wie sie über die Klinik erfahren haben. Die aufgeladene Stimmung war wie weggeblasen.

Wie können wir am einfachsten erklären, was der Therapeut hier gemacht hat? Hier könnte der Begriff des Plauderns wirklich hilfreich sein. Laut Duden bedeutet »plaudern«, sich gemütlich und zwanglos unterhalten oder in unterhaltendem, ungezwungen-leichtem Ton erzählen. Die Leichtigkeit der Beziehungsaufnahme scheint hier das Wichtige zu sein.

»Wir finden es gut, dass Frau X. Y. zu uns gekommen ist. Ich bin voller Hoffnung, dass wir ihr mit der Zeit helfen können. Von unserer Seite ist es nicht nötig, dass sie von fünf Personen hierher begleitet wird. Wir finden es heute auch nicht nötig, dass noch jemand außer ihr an dem Gespräch mit der Therapeutin teilnimmt. Sie können sich aber gerne im Warteraum aufhalten. Wir versichern Ihnen, dass die Therapeutin sie dazuholen wird, falls sie ihre Hilfe braucht.« Es herrschte plötzlich ein Einvernehmen im Raum.

Wir können also nicht erwarten, dass im Therapiezimmer immer sofort ein »therapeutisches Gespräch« stattfinden kann.

Mit geflüchteten Patienten mit Leichtigkeit zu sprechen kann erlernt werden. Der erste Schritt dazu ist es, dass wir als Therapeuten anerkennen, dass unsere Patienten diese Art der Gesprächsführung gut gebrauchen können. Ein möglicher und guter Weg, die Leichtigkeit im Umgang zu erreichen, kann tatsächlich über das Plaudern führen.

Es ist ja für jede Art der Kommunikation eine gewisse Leichtigkeit von Vorteil. Warum sollte es in der Psychotherapie anders sein?

Zusammenfassung

Es geht hier darum, nicht zwanghaft an Regeln festzuhalten, die für Klientinnen aus anderen Kulturen und in besonderen Lebenslagen inakzeptabel sein können. Wir müssen deren Regeln noch nicht einmal im Detail kennen, wenn wir respektieren, was die Klienten einfordern. Hier ging es um die Akzeptanz, dass Angehörige zunächst dabei sein wollten. Nachdem dies respektiert worden war und auf tiefergehende Gespräche zugunsten von Plaudern verzichtet wurde, konnte sich so viel Offenheit einstellen, dass danach ein therapeutisches Gespräch möglich war. Es geht um Aufbau von Sicherheit spendenden Kommunikationsangeboten, die von den Klienten als wertschätzend erlebt werden können.

Dies bedeutet, dass es nicht um irgendeine Methode geht, sondern um eine freundliche Grundhaltung des Therapeuten, obwohl er sich rat- und hilflos fühlt.

5.3 Hinweise für die Praxis

Hinweise zu Sprache, Übersetzung, Sprach- und Kulturmittlung

- Muttersprachlich arbeitende Psychotherapeutinnen werden in manchen Situationen auch als Dolmetscher und Kulturmittler tätig sein müssen. Hierbei ist zu berücksichtigen, dass das einerseits zu einer effektiveren Arbeitsroutine, anderseits zu einer Rollendiffusion und Unsicherheit führen kann.
- Muttersprachliche Therapeuten können zu einem übersteigerten Gefühl der Verantwortung für ihre Patienten neigen. Das kann zu Mehrfachbelastungen und erschwerter eigener Psychohygiene führen. Es ist daher gut, wenn Teams und Führungskräfte, z. B. Oberärztinnen, in die Lösungen von schwierigen Situationen möglichst früh einbezogen werden.
- Wenn vorgesetzte Ärzte selbst keine Erfahrung in der Arbeit mit Sprach- und Kulturmittlern haben, ist es zu empfehlen, ihnen einige hilfreiche Hinweise diesbezüglich zu geben.
- Je genauer Vorgesetzte wissen, was transkulturelle Arbeit konkret beinhaltet, desto besser können sie diese Arbeit institutionell fördern.

Hinweise zu Räumlichkeiten in Institutionen

- Es kann hilfreich sein, wenn es einen geeigneten Warteraum gibt, der ausreichend groß ist. Und es, wenn möglich, Platz für einen oder zwei Kinderwagen gibt.
- Es ist wichtig, die Interessen aller wartenden Patienten und Patientinnen zu berücksichtigen.
- Es ist gut, den Begleitern die Informationen über Möglichkeiten der Wartezeitüberbrückung zur Verfügung zu stellen (Park, Spielplatz, Cafeteria etc.).

Hinweise zur Kontrolle

- Geflüchtete Familien sind oft als Familiensysteme misstrauisch. Einerseits haben sie oft einfach Vorurteile über die ihnen fremde und unbekannte Art der familiären Bindungen in der neuen Gesellschaft. Anderseits sind oft ganze Familien als Systeme durch kriegsbedingte Trennungen und Verluste, Zeugenschaften vom Leid der Familienangehörigen, Rollendiffusionen etc. schwer traumatisiert. Wir als Therapeuten sollten üben, das Misstrauen und das erhöhte Kontrollbedürfnis der relevanten Familienangehörigen unserer Patienten aushalten und akzeptieren zu können.
- Durch das Eingehen auf das Bedürfnis nach Kontrolle und Sicherheit vermitteln wir die therapeutische Akzeptanz.
- Um Patientinnen größtmögliche Kontrolle über die ihnen fremde Situation zu lassen, sollten wir zu Beginn in der Arbeit mit Geflüchteten dafür offen sein, dass die Familie miteinbezogen wird, wenn die Patienten und Patientinnen dies wünschen.
- Wir sollten allerdings immer auch versuchen, in einfachen und verständlichen Worten zu erklären, wie Ärzte und Psychotherapeuten bei uns i. d. R. arbeiten.
- Sollten Schweigepflichtsentbindungen nötig sein für Gespräche mit Angehörigen, müssen Sinn und Notwendigkeit hierfür in einfachen Worten erklärt werden, damit es nicht als unnötige Hürde, sondern als Schutzmaßnahme verstanden werden kann.

Hinweise zur Psychoedukation

- Es ist wichtig, gleich zu Beginn der Therapie Geflüchteten und ihren Familien zu erklären, dass Psychotherapie vor allem eine individuelle Arbeit an Symptomen und Schwierigkeiten ist.
- Es soll erklärt werden, dass eine Psychotherapie die Gespräche mit Angehörigen zwar beinhalten kann, dass diese aber in der Regel vorher geplant werden.
- Patienten sollen darin unterstützt werden, diese Information an ihre Angehörigen weiterzugeben. Unsicherheit und Angst der Patienten, dass sie dadurch die Familie »irritieren«, sollten ernst genommen werden.

Hinweise zur Zeitplanung

- Bei der Terminvergabe sollten wir uns im Vorfeld über die Dauer der Anreise informieren. Je länger die Anreise ist, desto wahrscheinlicher ist es, dass Patientinnen in Begleitung kommen, nicht selten sind das mehrere Personen. Es ist wichtig, Zeit einzuplanen für damit verbundene »Komplikationen«.

Hinweise zu Gegenübertragungsgefühlen

- Der erste Eindruck von Familienstrukturen kann täuschen, daher ist es gut, den Angehörigen immer wieder neu mit Offenheit und Interesse zu begegnen.
- Die eigene Unsicherheit hinsichtlich der Begegnung mit einem selbst fremden und neuen Familienstrukturen sollten wir ehrlich und mitfühlend betrachten.
- Vorsichtig mit spontaner ablehnender Haltung gegenüber Familienangehörigen.
- Gelassen damit umgehen, dass wir nicht wissen, wie uns geflüchtete Menschen und deren Angehörige wahrnehmen und welche Vorurteile sie über uns haben.

Hinweise zur Leichtigkeit

- Gastfreundschaft und lockeres Plaudern werden in fast allen Kulturen als Signale für Sicherheit und Entspannung verstanden.
- Formulieren wir unsere »Regeln« als Vorschlag, so zeigen wir unterschwellig unser Vertrauen, dass diese Regel befolgt werden wird. Pochen wir hingegen von Anfang an auf das Einhalten einer Regel, so unterstellen wir indirekt, dass dies auch nötig ist.
- Regeln und Rahmenbedingungen müssen nicht zu Beginn des Erstkontaktes erzwungen werden, sondern können flexibel und sanft eingeleitet werden. So können unsere Patientinnen und deren Angehörige Vertrauen in die Behandlung fassen.
- Gegenseitigen fachlich-therapeutischen Austausch, z.B. über Qualitätszirkel, organisieren, über Fortbildungen und Kontaktaufnahme zu Psychosozialen Zentren in der Nähe Vorbilder und Anregungen finden.
- Eigene Grenzen wahrnehmen, auf Fachexpertise der Leitung zurückgreifen und diese aktiv einfordern.

Empfehlungen für den Umgang mit Angehörigen und Begleitern

- Im Warteraum Wasser, ausreichend Platz, mehrsprachige Informationen über Möglichkeiten der Überbrückung der Wartezeit etc. bereitstellen als Geste der Akzeptanz und des Verständnisses.
- Sich als Therapeut den Angehörigen und ggf. den Begleitern vorstellen.
- Es ist gut, die Begleiter mit einem kleinen Smalltalk zur Begrüßung, einzubeziehen.
- Angehörigen erklären, was Psychotherapie ist.
- Sorgen und Interesse der Angehörigen ernst nehmen.
- Verständlich erklären, was eine Schweigepflicht ist, aber keine unnötigen Hürden für ein Angehörigengespräch aufbauen.

KAPITEL 6

Stellungnahmen in der Therapie

6.1 Was Sie erwartet

In diesem Kapitel wird die Notwendigkeit von gut begründeten und fachlich fundierten Stellungnahmen beschrieben und welch eine Herausforderung es sein kann, diese zu verfassen. Die Möglichkeit, sich als Therapeutin auch diesem eher juristischen Bereich zuzuwenden und hierdurch psychotherapeutische Fortschritte zu erzielen, wird betrachtet. Auch hier wird wieder die Notwendigkeit des Aushaltens deutlich, das nach und nach vertrauensbildend wirkt.

6.2 Frau Mulumba

Christian Gerlach

Die Arbeit mit der bereits erwähnten Frau Mulumba aus dem Kongo, die mich in meinen deutschen Höflichkeitsvorstellungen so gefordert hatte, entpuppte sich insgesamt als ein sehr lehrreicher Therapieverlauf. Nachdem ich meine Anfangsirritationen überwunden hatte, begannen die akuten Probleme der Mutter von mindestens drei Kindern uns beide intensiver zu beschäftigen. Noch bevor ich mit Fragebögen und elaborierten Techniken Therapieziele hätte definieren können, verlangten handfeste Probleme nach meiner Aufmerksamkeit. Auf besagte drei Kinder hatte nämlich das Jugendamt bereits besorgte Blicke geworfen, und es drohte ein Sorgerechtsentzug. Gleichzeitig waren die Asylanträge der Familie als »offensichtlich unbegründet« abgelehnt worden, und die Entscheidung, ob die Familie bald wieder in das Bürgerkriegsland abgeschoben würde, lag nun bei der nächsten Instanz, dem Verwaltungsgericht. Zusätzlich hatte ich eine hochdissoziative Patientin vor mir sitzen, die bereits auf dem Weg vom Hauptbahnhof zum PSZ immer wieder verloren ging. Natürlich wäre die einfachste Möglichkeit gewesen, mich als Psychotherapeut weder für Sorgerechtsprobleme noch Asylverfahren zuständig zu erklären. Ich hätte stumpf meine Sammlung an Stabilisierungsverfahren herausholen und der Patientin Igelball und Imaginationsverfahren antragen können. Damit hätte ich im Sinne der Richtlinien alles richtig gemacht, jedoch vollständig an der Lebensrealität dieser Patientin vorbeitherapiert.

Stattdessen nahm ich mir die Zeit, mich in die Situation meiner Patientin hineinzufühlen. Wie ginge es mir, wenn ich von derart existenziellen Problemen bedrängt wäre? Es war offenkundig, dass Frau Mulumba große Angst vor einer Abschiebung in den Kongo hatte. Ebenso deutlich fühlte ich ihre Furcht, dass ihr die Kinder weggenommen werden könnten. Wäre mir in solch einer Situation mit einem imaginierten inneren sicheren Ort gedient? Würde ich mich in meiner Not ernst genommen fühlen, wenn dies die erste therapeutische Reaktion auf meine handfesten Probleme wäre?

Je mehr ich überlegte, wie sich diese Patientin stabilisieren ließe, umso klarer wurde für mich: Zunächst muss äußere Sicherheit geschaffen werden. Ich sprach mit der sehr engagierten Sozialpädagogin, die Frau Mulumba betreute, und telefonierte mit dem Rechtsanwalt. Schnell zeigte sich, dass die dringlichste Baustelle das Asylverfahren war. Statt einer biografischen Anamnese las ich erst einmal das Protokoll der Asylanhörung sowie den ergangenen Ablehnungsbescheid. Mir standen die Haare zu Berge! Frau Mulumba war bei der Anhörung offensichtlich ähnlich durcheinander und diffus gewesen wie bei den Terminen im PSZ. Der Einzelentscheider vom Bundesamt für Migration und Flüchtlinge hatte keinerlei Zweifel: Wer derart unstrukturiert berichtet, bei der Schilderung von Vergewaltigungen mal von drei Männern und mal von vier Männern sprach, musste offenkundig lügen! Noch nicht einmal genaue Daten und Uhrzeiten hatte die Asylbewerberin bezüglich ihrer Misshandlungen angegeben! Und an wichtigen Stellen hatte sie nicht weitergeredet! Die Geschichte, dass Frau Mulumba als Ehefrau eines desertierten und ins Ausland geflohenen Soldaten durch andere Soldaten misshandelt und vergewaltigt worden war, bewertete der Einzelentscheider als ein schlecht vorgetragenes und in sich nicht schlüssiges Märchen. Der Asylantrag war als »offensichtlich unbegründet« abgelehnt worden.

Ich mochte mir kaum vorstellen, wie sich diese Frau bei der Anhörung gefühlt haben musste, falls es doch mehr als ein Märchen gewesen sein sollte. Und mein therapeutisches Bauchgefühl sagte mir eindeutig, dass es sich um eine schwer traumatisierte Person handelt, die Grausames erlebt hatte und schwere Folgen davontrug. So oder so, die nächste Intensivbefragung zu diesen Themen würde schon bald im Gerichtssaal erfolgen. Und auch hier würde höchstwahrscheinlich ein Richter entscheiden, der vor allem klare, substanziierte Sachvorträge mit vielen Details und vor allem zeitlicher Stringenz für glaubhaft befinden würde.

Mein Eindruck war: Was diese Patientin gerade am dringendsten braucht, ist ein fundiertes traumatologisches Fachgutachten. Eines, das klärt, ob es traumatische Erlebnisse gegeben hat, wegen derer sie fliehen musste, sodass sie im Falle einer tatsächlichen Traumatisierung nicht im Gerichtsverfahren erneut von traumatherapeutischen Laien durch ihre schlimmsten Albträume geführt wird; damit ihre Ohnmacht angesichts der Traumata und ihrer dissoziativen Symptome nicht als mangelnde Glaubwürdigkeit beurteilt werden; sodass sie nicht mehr jeden Tag darum würde bangen müssen, nachts abgeholt und in die Hände ihrer Peiniger zurückgebracht zu werden. Nun wusste ich bereits aus meiner Erfahrung: Kaum ein Gericht würde eine solche Begutachtung in Auftrag geben.

Mir wurde klar, dass Frau Mulumba mich viel dringlicher als traumatologischen Gutachter denn als Psychotherapeuten brauchte. Ich beschloss daher, die Patientin zunächst einmal gutachterlich zu untersuchen, die Ursachen ihrer Störung so objektiv wie möglich abzuklopfen und dann eine umfassende Stellungnahme anzufertigen. Bei den Sitzungen würden sich sicherlich viele Gelegenheiten bieten, traumatherapeutische Übungen einzuflechten.

Und tatsächlich ergaben sich unzählige Möglichkeiten, die Patientin aus ihrem dissoziativen Nebel zu führen, in welchem sie sich immer wieder verlor. Hierbei halfen insbesondere handfestere Skills, wie beispielsweise das Riechen von Minzöl, Bewegung, kaltes Wasser, direkte Ansprache und Berührungen durch die Dolmetscherin. Frau Mulumba nahm dankbar ein kleines Fläschchen Minzöl mit und setzte es gleich beim nächsten Termin selbständig ein. Ich fragte sie, weshalb sie ihre Schuhe immer wieder auszog. Sie erklärte mir, dass sie sich in solchen Momenten eingeengt fühle und nicht frei atmen könne. Ihre Schuhe sahen für mich eher bequem und locker sitzend aus – manchmal hatte sie auch nur Sandalen an, die sie sich aber trotzdem leidenschaftlich vom Fuß riss. Daher interpretierte ich dieses Verhalten als einen Hinweis auf eine traumabedingte Körperintrusion. Ich fragte Frau Mulumba, ob es helfen könnte, wenn ich in solchen Momenten ein Fenster öffnen würde. Diese Idee passte wunderbar. So konnte ich meine Patientin bei ihren Reorientierungsbemühungen aktiv unterstützen, ihr gleichzeitig jedoch die Initiative und Kontrolle überlassen. Kleine Interventionen dieser Art erwiesen sich als eine sehr gute Möglichkeit, der Patientin ganz ohne Worte zu zeigen, dass ich sie verstand und sie dabei unterstützen würde, mit ihren Problemen umzugehen. So nahm sie ohne wortreiche Erklärungen die Bedeutung und Wirkung von Psychotherapie wahr.

Für die gutachterliche Stellungnahme arbeiteten wir uns Schritt für Schritt durch die aktuelle Symptomatik und tauchten dann gemeinsam in die Wirren des kongolesischen Bürgerkrieges ein. Frau Mulumba berichtete, wie sie als Vollwaise ihrem kleinen Bruder den Schulbesuch ermöglicht hatte, indem sie als Jugendliche mit älteren Männern mitgegangen war. Vieles lag in tiefem Nebel. Ihre Augen füllten sich mit Tränen, als sie schilderte, dass sie sich nicht erinnern könne, wie ihre Eltern ausgesehen hatten und wann oder wie sie gestorben waren. Wann immer sie versucht habe, sich zu erinnern, habe sie außer Kopfschmerzen nichts gefunden. Manchmal kamen wir nur wenig voran, weil der dissoziative Nebel uns schon bei der Begrüßung die Sicht versperrte. Immer achtete ich darauf, meiner Patientin möglichst viel Kontrollerleben zu ermöglichen. Ich protokollierte nebenbei fleißig, was meinem traumatologischen Blick auffiel: Das akute Wegdriften, wenn bestimmte Ereignisse angesprochen wurden. Das panische Schuheausziehen, wenn wir in die Nähe der Vergewaltigungen kamen. Ihr abwesender Blick und ihre zunehmenden Konzentrationsprobleme im Gesprächsverlauf.

Als wir beim vierten Termin ausführlicher auf die Fluchthintergründe eingingen, driftete Frau Mulumba kurzzeitig vollständig weg, musste aktiv mit Minzöl, deutlicher Ansprache und Berührung zurückgeholt werden. Mit fahrigen Bewegungen und verwaschener Sprache bat sie darum, sich hinlegen zu dürfen. Als sie dann auf einem Sofa lag, hielt sie die Hand der Dolmetscherin fest und sagte mit halb geöffneten, stark geröteten Augen, dass es jetzt ganz schlecht wäre, wenn sie die Augen schlösse. Selbstverständlich blieben wir bei ihr.

All diese Verhaltensbeobachtungen schrieb ich später detailliert in die gutachterliche Stellungnahme. Ich war mittlerweile davon überzeugt, dass Frau Mulumba mir von tatsächlich erlebten Ereignissen berichtet hatte. Für eine ausgedachte Geschichte waren die körperlichen und psychischen Auffälligkeiten viel zu punktgenau an traumareaktiven Stellen aufgetreten. Die dissoziative und traumareaktive Symptomatik passte stimmig zu der Biografie, in der sexueller Missbrauch die einzige Konstante war.

Beim Schreiben des Gutachtens versuchte ich durch die Brille eines Juristen zu schauen. Oft genug hatte ich schon den Kopf über die juristische Beweisführung geschüttelt. Gerne wird vom Bundesamt für Migration und Flüchtlinge real Erlebtes als Lüge bezeichnet, wenn es nicht stringent, detailliert und mit Daten sowie Uhrzeiten gespickt vorgetragen und durch vielfältige (gestempelte!) Dokumente untermauert werden kann. Und wenn die Schilderungen juristisch als widerlegt angesehen werden, folgt der Schluss, dass es auch keine traumareaktive psychische Störung geben kann. So hatte ich häufig erlebt, dass schwer traumatisierte Menschen als kerngesunde Lügner bewertet werden, weil ihre Schilderungen zu chaotisch waren. Daher versuchte ich darzulegen, weswegen aus traumatologischer Sicht bei Frau Mulumbas Schilderungen von einer Erlebnisfundierung auszugehen war. Ich untermauerte dies mit meinen differenzierten Verhaltensbeobachtungen und kam zu dem Schluss, dass Frau Mulumba tatsächlich um ihr Leben fürchtet, wenn sie an eine Rückkehr in den Kongo denkt. Ich legte dar, dass sie als Komplextraumatisierte auf eine Abschiebung mit einer heftigen psychischen Dekompensation reagieren würde und man ihre Sorgen, sich hierbei aus Angst vor Schlimmerem umzubringen, ernst nehmen sollte.

Das Gutachten überzeugte den Richter am Verwaltungsgericht. Frau Mulumba und ihre drei Kinder erhielten vollen Asylstatus. Therapeutisch betrachtet war dies ein Meilenstein. Es war, als hätte der Wind gedreht und begonnen, den dissoziativen Nebel aus den Tiefen der Psyche meiner Patientin zu blasen. Ihre Konzentration besserte sich von Woche zu Woche, und die Taschenwühlerei wurde durch zaghafte Schritte in Richtung Selbstfürsorge ersetzt. Eines Tages saß Frau Mulumba mit geflochtenen Haaren im Wartebereich. Bislang hatte die gelernte Friseurin immer nur ein nachlässig gebundenes Kopftuch getragen. Ich werde nie vergessen, wie sehr es mich beeindruckt hat, als mich Frau Mulumba zum ersten Mal wirklich klar und wach angesehen hat. Diese Person hatte nur wenig mit der zerfahrenen und irritierenden Person zu tun, die ich einige Monate zuvor kennengelernt hatte. Wie froh war ich, dass ich innerlich nicht an diesem Bild festgehalten, sondern den Menschen vor mir gesucht hatte! Natürlich gab es auch weiterhin Höhen und Tiefen, und der dissoziative Nebel verstärkte sich phasenweise wieder. Die Geister der Vergangenheit kehrten beispielsweise vorübergehend zurück, als die Patientin wochenlang ohne Krankenversicherung und Blutdruckmedikamenten war, weil Sozialamt und Arbeitsamt ihre Zuständigkeiten nicht klärten. Jedoch habe ich bei komplex traumatisierten Menschen selten solch beeindruckende Therapieerfolge innerhalb der ersten 25 Stunden erzielen können. Dabei hatte ich nur die Hälfte dieser Stunden therapiert, die andere Hälfte hatte ich in das Gutachten gesteckt. Ohne Gutachten und Unterstützung wäre es langfristig wohl auf eine Abschiebung in die Hände der Täter hinausgelaufen.

Manchmal können wir durch unsere traumatherapeutische Fachkunde einen sicheren Ort nicht nur im Geist unserer Patientinnen erschaffen, sondern ganz konkret in der realen Welt.

6.3 Hinweise für die Praxis

- Traumareaktive Verhaltensauffälligkeiten immer inhaltsbezogen dokumentieren. Falls irgendwann beurteilt werden muss, ob das Berichtete erlebnisfundiert ist, sind solche Notizen sehr hilfreich.
- Handfeste Skills (Düfte, Schärfe, Hitze, Kälte, Bewegung etc.) werden von vielen Geflüchteten schneller verstanden als Imaginationen oder kognitive Interventionen. Oft wird die Therapiesituation selbst zum Symbol für Sicherheit.
- Flüchtlinge werden sehr oft von traumatherapeutischen Laien intensiv zu ihren Traumata befragt. Wir können die Situation der Traumaanamnese nutzen, um punktgenau Stabilisierungstechniken zu vermitteln, und ihnen als Therapeutinnen und Menschen zur Seite stehen.
- Rechtsanwälte, Behörden oder Betreuer einfach im Beisein der Patienten anrufen. Das spart Zeit, bildet Vertrauen, und vieles lässt sich mit Dolmetschern schnell klären.
- Bei der Definition von Therapiezielen offen und auch jenseits rein psychischer Symptome schauen: Wo ist die Not meines Gegenüber gerade am größten? Stand des Asylverfahrens immer ansprechen. Braucht meine Patientin mich als Therapeutin, als Gutachterin oder als Übersetzerin von Behördendeutsch am dringendsten?

Kommentar zu Stellungnahmen

Bei therapeutischen Stellungnahmen lohnt es, unsere professionelle Empathie zu nutzen, uns in die juristische Perspektive einzufühlen und diese beim Schreiben zu berücksichtigen. Manchmal müssen wir Aussagen der Geflüchteten sowie unsere Befunde sortieren, erklären und »beweisen«, bevor unsere fachlich fundierte Einschätzung aus juristischer Sicht berücksichtigt werden kann. Beispielsweise werden Berichte von Traumata aufgrund mangelnden Fachwissens von Juristen leicht als »nicht erlebnisfundiert« eingeschätzt. Daraus folgt oft die Annahme, dass ohne Trauma keine psychische Störung vorliegen kann und somit die geschilderten Einschränkungen/Belastungen/Risiken nicht existieren. Im juristischen Kontext ist daher vorrangig zu klären, weshalb wir von einer Erlebnisfundierung der geschilderten Traumata ausgehen und eine Simulation für sehr unwahrscheinlich halten. Hierbei können wir gut unsere Verhaltensbeobachtungen bezüglich traumareaktiver Symptome bei der Traumaexploration nutzen. Erst nachdem die Frage der Erlebnisfundierung geklärt wurde, lohnt es überhaupt, unsere fachliche Einschätzung, beispielsweise ob Risiken im Falle einer Abschiebung bestehen, darzulegen.

Leitfaden für psychotherapeutische Stellungnahmen

Eine Stellungnahme macht nur dann Sinn, wenn sie gelesen und verstanden wird und dem Adressaten wichtige Argumente für eine saubere Entscheidung liefert. Hilfreich ist eine klare Trennung der Rollen:

- Wie verhalte ich mich in der Untersuchungssituation als Therapeut?
- Was für Hinweise ergeben sich für eine kritische, objektive Gutachterin?
- Welchen Blickwinkel hat der Adressat?

Um den in einem Urteil des Bundesverwaltungsgerichtes von 2007 festgelegten Mindestanforderungen für ärztliche Atteste und Stellungnahmen zu genügen, ist eine Beschreibung der Untersuchungsumstände und der Methode der Tatsachenerhebung notwendig. Um die erforderliche Diagnosestellung zu untermauern, ist es sinnvoll, die Verhaltensbeobachtungen zu dokumentieren und die Explorationsinhalte wiederzugeben. Hierbei sollte berücksichtigt werden, dass alle Widersprüche (beispielsweise in Bezug auf das Anhörungsprotokoll) aufgeklärt werden, auch nebensächliche und kleine. Selbst wenn die Geflüchteten keine Medikamente nehmen, muss dies kurz erwähnt werden. Wenn diese Kriterien berücksichtigt werden, kann mit einer abschließenden fachlichen Einschätzung (beispielsweise einer Prognose bezüglich möglicher Risikofaktoren wie Suizidalität im Falle einer Abschiebung) in vielen Fällen eine entscheidende äußere Stabilität geschaffen werden.

KAPITEL 7

Über die Notwendigkeit und über Grenzen der Zusammenarbeit mit anderen Institutionen

In der ambulanten Praxis beginnt der Prozess der Rollenvermischung ja bereits ganz am Anfang: Statt direkt drauflostherapieren zu können, müssen wir uns um geeignete Sprach- und Kulturmittlerinnen kümmern. Denn so verlockend es ist, die häufig begleitenden Angehörigen oder Bekannten zu bitten, für uns zu übersetzen, sollte dies nur in absoluten Ausnahmesituationen als Möglichkeit genutzt werden. Kinder würden in Rollen gezwungen, die ihnen sicherlich nicht guttun, Freunde könnten von den Tiefen der psychischen Belastung beunruhigt und verschreckt, selbst Betroffene von der Heftigkeit des Erlebten überfordert und überlastet werden.

Damit die Dolmetscherkosten erstattet werden, müssen wir dies in der Regel beim zuständigen Sozialamt der Geflüchteten beantragen. Eine Textvorlage, ein freundlicher Umgang mit den zuständigen und oft überlasteten Sachbearbeiterinnen und das Abgeben der Abrechnungsbelange an die Dolmetscher können hier den Aufwand deutlich begrenzen. Was übrig bleibt, ist häufig die Frage, ob wir uns diese überschaubare Mehrarbeit antun möchten. Es kann helfen, sich zu vergegenwärtigen, was wir als psychotherapeutische Behandler ohnehin leisten. Wir holen Behandlungsberichte ein und geben Laborwerte in Auftrag, arbeiten uns in Regeln und Wünsche der kassenärztlichen Vereinigungen oder bestimmter Krankenkassen ein und müssen regelmäßig Befundberichte verschicken.

All das ist keine Psychotherapie. Genauso, wie wir gelernt haben, uns mit derartigen Umständen zu arrangieren, können wir auch den Mehraufwand bei Geflüchteten unter andere Vorzeichen stellen. In der Regel treibt uns Behandler nicht das Streben nach maximaler Vereinfachung unserer Arbeit an. Sich für Gesundheit und Wohlergehen unserer Mitmenschen zu engagieren, unser Leben dem Dienst der Menschlichkeit zu weihen, wie es der Weltärztebund beschreibt, füllt unser professionelles Handeln mit Sinnhaftigkeit und Bedeutung. Dafür nehmen wir sehr lange und aufwendige Ausbildungswege in Kauf und arrangieren uns mit den manchmal schwierigen Rahmenbedingungen, die das Gesundheitssystem für unsere Arbeit vorschreibt. Der Mehraufwand, den eine Therapie von Geflüchteten mit sich bringt, wirkt überschaubar, wenn wir uns die Werte unseres Handelns bewusst halten. Und oft werden wir mit beeindruckenden Erfahrungen von Menschlichkeit für diese Umstände belohnt.

7.1 Was Sie erwartet

In diesem Kapitel wird dargestellt, warum Psychotherapeutinnen in der Therapie mit Geflüchteten nicht umhinkommen können, auch einige eher sozialarbeiterische als therapeutische Tätigkeiten zu übernehmen. Die Offenheit dafür ist besonders wichtig bei Geflüchteten mit unsicherem Aufenthaltsstatus. Alles, was zumindest ein kleines Stück Stabilität im Äußeren gibt, ist therapeutisch förderlich. Jede kleine Sicherheit kann von großer Bedeutung für Klienten sein. Es ist hilfreich, sich vor Augen zu führen – und diese Aussage haben wir des Öfteren von Geflüchteten in unserer Praxis gehört –, dass oft der einzig sichere Ort in der Zeit des laufenden Asylverfahrens unsere Praxis, unser Setting ist. Diese eine Stunde können die Geflüchteten einmal zur Ruhe kommen. Wenn wir uns das bewusst machen, öffnet es uns einerseits die Augen dafür, in welch schlimmer Situation unsere Klienten sind, und andererseits, wie gut es ist, dass sie wenigstens bei uns einen Platz finden, in dem sie einmal durchatmen können. Das hilft, die Telefonate mit Anwältinnen oder

Sozialamtsmitarbeitern etc., was in der Arbeit in der Praxis im Normalfall nicht vorkommt, auch als therapeutische Aufgaben zu sehen und zu führen.

Wir zeigen in diesem Kapitel, warum es in einigen Fällen aus unserer Sicht auch zu unseren Aufgaben als Therapeutin gehört, Bescheinigungen und auch Stellungnahmen zu schreiben.

7.2 Frau Mulumba

Christian Gerlach

Die Behandlung von Frau Mulumba zeigte mir eindrücklich, wie wichtig es bei der Therapie Geflüchteter sein kann, nicht in rigiden Ansichten über den Zuständigkeitsbereich von Psychotherapeutinnen zu verharren. Ich war für Frau Mulumba Psychotherapeut, Gutachter, Sozialarbeiter, Beispiel für die deutsche Kultur und einfach ein mitfühlender Mensch.

Bei Frau Mulumba durfte ich noch an anderer Front therapeutische Sozialarbeit leisten. Wie Sie sich vielleicht erinnern, hatte auch das Jugendamt bereits einen besorgten Blick auf die drei bei Frau Mulumba lebenden Kinder geworfen. Die heftigen und durchaus begründeten Ängste, nachts von Polizisten geweckt und in Abschiebehaft genommen zu werden, waren dank meines Gutachtens gerade im Abklingen begriffen, als eine engagierte junge Mitarbeiterin im Jugendamt den Fall der Familie neu eröffnete.

Frau Mulumba erschien wieder deutlich zerfahrener und dissoziativer zu unseren Terminen. Sie brachte Briefe vom Jugendamt mit, über deren Inhalt sie sich schon viele Stunden gesorgt hatte. Sie sah nur, eine junge kinderlose Frau wollte ihr die Kinder wegnehmen. Sie verstand nicht, weshalb und wer das Jugendamt eigentlich war. Sie war wütend, dass eine kinderlose junge Frau, offensichtlich im Umgang mit Kindern unerfahren, ihre Fähigkeit als Mutter anzweifelte. Sie, die viele Kinder zur Welt gebracht und unter widrigsten Umständen als selbständige Friseurin im Kongo versorgt und großgezogen hatte. Die drei ihrer Kinder hatte retten können auf ihrer

Flucht nach Deutschland und immer noch zerfressen war vor Sorge um die größeren Kinder, die sie zurückgelassen hatte. Ausgerechnet ihr wollte diese Frau die Fähigkeit absprechen, eine gute Mutter zu sein? Nach Meinung von Frau Mulumba musste es um andere Dinge gehen. Sicherlich war diese Frau einfach neidisch auf ihre vielen Kinder und wollte sie ihr deshalb wegnehmen. Oder ging es hier um Erpressung? Ich erklärte Frau Mulumba zunächst einmal den Inhalt der Briefe und die Funktion des Jugendamtes in Deutschland. Es fiel Frau Mulumba offensichtlich schwer, meinen Ausführungen zu glauben. Der Staat kümmere sich aufrichtig und ohne schlechte Absichten um das Wohlergehen der Kinder? Dafür solle es sogar Gesetze geben? Um ihre Kinder brauche sich doch niemand außer ihr zu sorgen!

Die Briefe wirkten, als habe es schon eine Vorgeschichte gegeben. Dort war von versäumten Terminen die Rede, und tatsächlich wurden vage Drohungen in Richtung Sorgerechtsentzug ausgesprochen. Ich fragte Frau Mulumba, ob sie schon einmal mit dem Jugendamt zu tun gehabt habe. Sie bejahte dies. Einmal, als es ihr vor einem Jahr sehr schlecht gegangen sei, habe das Jugendamt die Kinder mitgenommen. Auf Nachfrage erklärte sie, dass sie damals akut dissoziativ ins Krankenhaus gekommen sei, und als sie nach mehreren Tagen wieder nach Hause gekommen sei, wären die Kinder in einem Heim untergebracht gewesen. Danach habe es ein paar Wochen Stress mit dem Jugendamt gegeben, und dann habe man sie wieder in Ruhe gelassen. Alle paar Wochen komme nun ein Mann vorbei, der französisch spreche und kurz mit ihr rede, sie wisse jedoch nicht so recht, was das solle. Jetzt bekomme sie wieder solche Briefe, und seitdem gehe es ihr sehr schlecht. Warum lasse man sie nicht einfach in Ruhe? Sie habe doch schon genug Probleme! Ich erklärte ihr, dass man sie nicht in Ruhe lassen werde, wenn sie nicht zu diesen Terminen gehe. Frau Mulumba sah mich an, als hätte ich vorgeschlagen, sie solle freiwillig zu ihrer eigenen Hinrichtung gehen. Mit wilder Entschlossenheit funkelte Frau Mulumba mich an und sagte, diese Frau solle das ruhig mal versuchen, sie werde um ihre Kinder kämpfen! Niemals werde sie ihre Kinder freiwillig ausliefern! Ich fand es wunderschön zu sehen, wie wichtig Frau Mulumba ihre Kinder waren, und das sagte ich ihr auch so. Dann erklärte ich, das Jugendamt wolle bei den genannten Terminen wohl nicht die Kinder wegnehmen, sondern gemeinsam überlegen, ob ihre Familie Unterstützung braucht. Ich bot an, einmal bei der zuständigen Mitarbeiterin im Jugendamt anzurufen und mich zu erkundigen, worum es eigentlich geht. Erleichtert atmete Frau Mulumba tief durch. Bereitwillig gab sie mir auf Nachfrage auch die Telefonnummer des französischsprachigen Familienhelfers und sagte, sie sei sehr dankbar, dass ich ihr helfe, allein schaffe sie das nicht.

Als ich beim Jugendamt anrief, erklärte mir die zuständige Mitarbeiterin, sie habe den Fall von einer Kollegin übernommen und habe sich ein Bild von der Familie machen wollen. Aufgrund der geplatzten Termine in Kombination mit der aktenkundigen schweren psychischen Krise Frau Mulumbas wirkte die Mitarbeiterin alarmiert und erwog tatsächlich bereits, weitere Schritte in Richtung Sorgerechtsentzug einzuleiten. Sie habe mit dem Familienhelfer gesprochen, und dieser habe ihr hinsichtlich ihrer Sorgen zugestimmt. Es stellte sich jedoch heraus, dass der Familienhelfer deutlich weniger Stunden in der Familie arbeitete, als er bezahlt bekam, und er seiner Arbeit insgesamt eher wenig motiviert nachging. Frau Mulumba hatte mir gesagt, sie verstehe das europäische Französisch des Familienhelfers kaum, da im Kongo ein anderes Französisch gesprochen werde. Überhaupt könne Frau Mulumba nur wenig Französisch, im Kongo sei dies die Sprache der Bildungselite. Von diesen Verständigungsproblemen wollte der Familienhelfer bislang nichts bemerkt haben, gab sich jedoch redliche Mühe, all meine anderen Fragen zur Familie zu bejahen, auch jene Fragen, bei denen ein Ja überhaupt nicht passte. Kurzum, es gab einen reichen Nährboden für Missverständnisse, Eskalationen und Krisen. Auf der einen Seite stand eine verängstigte, jedoch kampfbereite Frau Mulumba, die das System Jugendamt kaum verstand. Auf der anderen Seite stand eine besorgte und wenig berufserfahrene Jugendamtsmitarbeiterin, die lieber auf Nummer sicher gehen wollte. Und zwischen beiden stand ein Familienhelfer, der die Familie kaum kannte und in erster Linie darum besorgt schien, vor dem Jugendamt gut dazustehen. Ich konnte mir leicht ausmalen, wie es nun weitergehen könnte. Die Drohung, die Kinder aus der Familie zu nehmen, hatte das Potential, Frau Mulumba in eine heftige Krise zu stürzen und tatsächlich dafür zu sorgen, dass sie für ihre Kinder nicht mehr würde sorgen können. Die Kinder, die selbst psychisch belastet zu sein schienen, würden von einer dekompensierenden Mutter und der Trennung von ihrer Familie sicherlich ebenfalls einigen Schaden nehmen. Ähnlich wie bei der Stellungnahme hatte ich erneut den Eindruck, mein Wissen um die psychische Störung der Patientin und die Fluchthintergründe der Familie könnten an vielen Stellen Missverständnissen und Fehlentscheidungen vorbeugen. Ich begab mich in die Rolle des Vermittlers und erklärte Frau Mulumba beim nächsten Termin, dass ich den Eindruck hätte, ein gemeinsames Gespräch beim Jugendamt sei sehr wichtig, um weitere Probleme zu vermeiden. Ich bat sie um eine Schweigepflichtsentbindung und um ihr Vertrauen. Der Mitarbeiterin im Jugendamt erklärte ich die Störung der Patientin und legte dar, wo ich tatsächliche Risiken für das Kindeswohl sah und wo die Familie meiner Meinung nach über Ressourcen verfügte. Ich beschrieb Symptome wie akutes Dissoziieren und auch mein eigenes Befremden zu Beginn der Therapie, um Missverständnissen und Fehlinterpretationen vorzubeugen. Die Jugendamtsmitarbeiterin zeigte sich sehr interessiert und auch sehr erstaunt, da sie vieles aus der Akte ganz anders interpretiert hatte. Wir besprachen gemeinsam, dass ein Wechsel des Familienhelfers sowie eine kinder- und jugendpsychiatrische Vorstellung der Kinder sinnvoll sein könnte. Meine Empfehlung, mit den aufgrund der Fluchtgeschichte der Familie sehr ausgeprägten Trennungsängsten besonders sorgsam umzugehen, nahm die Mitarbeiterin sich im weiteren Verlauf zu Herzen.

Frau Mulumba bereitete ich kleinschrittig auf den Termin beim Jugendamt vor. Wir besprachen, wie sie Minzöl, Pausen und hilfreiche Kraftgeber so einsetzen könnte, dass sie sich würde konzentrieren können. Es half ihr sehr, immer wieder über die Funktion des Jugendamtes als Hilfe und Unterstützung von Kindern in Deutschland zu sprechen. So konnte sie sich langsam von ihren Ängsten lösen, das Jugendamt wolle ihre Kinder »rauben«. Wir konnten eine Begleitung durch die bereits bekannte und vertraute Dolmetscherin aus dem PSZ organisieren, was Frau Mulumba weitere Sicherheitssignale vermittelte. Das Gespräch verlief produktiv, und eine psychische Krise Frau Mulumbas konnte vermieden werden.

Kommentar zur Fallgeschichte

Christian Gerlach

Ein Verständnis des psychotherapeutischen Berufes über Professionsgrenzen hinweg ermöglicht in der Therapie mit geflüchteten Menschen oftmals deutliche Veränderungen der psychischen Symptomatik. Insbesondere kann durch die Weitergabe psychotherapeutischen Fachwissens, das ausdrückliche und informierte Einverständnis der Geflüchteten stets vorausgesetzt, manch krisenhafter Entwicklung vorgebeugt werden. Unserer Meinung nach sollte nicht unterschätzt werden, über wie viel exklusives Wissen Behandlerinnen hinsichtlich ihrer Patienten verfügen, welches an der richtigen Stelle Entscheidungsprozesse deutlich verbessern und erleichtern kann. Allein der Grad der Informiertheit, welcher durch gute Übersetzung und die Zeit zuzuhören und nachzufragen entsteht, kann in entsprechende Entscheidungsprozesse eingebracht, relevante heilungsfördernde Rahmenbedingungen entstehen lassen. Häufig hält uns die Sorge, von Simulanten getäuscht oder dem Vorwurf des Gefälligkeitsgutachtens ausgesetzt zu werden, davon ab, unser Wissen in klaren Worten zu kommunizieren. Selbstverständlich lohnt es auch deshalb, sich bei Unsicherheiten fachspezifisch weiterzubilden. Der Rückgriff beispielsweise auf die Standards zur Begutachtung psychisch reaktiver Traumafolgen (in aufenthaltsrechtlichen Verfahren) (SBPM)[28], Gutachtenstandards, welche zu ebendiesem Zweck von einer fachkundigen Arbeitsgemeinschaft definiert wurden, kann helfen, Stellungnahmen und Gutachten professioneller

28 www.sbpm.de

und fachkompetent zu verfassen. Andererseits sind wir der Meinung, dass bereits eine gute klinische Kenntnis traumareaktiver Störungen und eine kritische Fremdanamnese, beispielsweise mit Angehörigen, Begleitern, Wohneinrichtungen etc., einen verlässlichen Eindruck vermitteln können, ob eine authentische psychische Störung vorliegt oder nicht. Entscheidungsträgern unser Wissen über diese Störungen anzubieten und dieses so aufzuarbeiten, dass es auch verstanden werden kann, macht in vielen Fällen einen entscheidenden Unterschied. So sind nach unserer Erfahrung gerade die Besonderheiten traumareaktiver Erinnerungsprozesse in juristischen Kreisen kaum bekannt, und viele Traumatisierte werden als Lügner verkannt, weil sie keine stringenten und anschaulichen Erzählungen ihrer schrecklichsten Erlebnisse vorbringen können. Wenn wir derartige relevante Informationen den Entscheidungsträgern beispielsweise asylrelevanter Fragen vorenthalten, sollten wir uns bewusst machen, dass die Entscheidungen dann auf einer erheblich schlechteren Grundlage getroffen werden und diese die psychische Symptomatik unserer Patienten teils erheblich weitreichender beeinflussen, als gute Psychotherapie dies vermag. Umgekehrt vermag eine Psychotherapie, die den Mut findet, auch über den eigenen professionellen Tellerrand zu schauen und entsprechend zu handeln, bedeutsame und zuvor ungenutzte heilsame Kräfte freisetzen.

Kommentar zur Fallgeschichte

Ljiljana Joksimovic

In einigen Fällen wechseln selbst in einer Therapiestunde die Gefühle der Sicherheit und Unsicherheit ständig. Wie oft mussten wir unsere schwerst traumatisierten Klientinnen und Patienten explizit daran erinnern, dass sie während des Gespräches mit uns und in unserer therapeutischen Praxis ganz sicher sind, um überhaupt ein Gespräch zu ermöglichen.

Bei komplex traumatisierten Geflüchteten mit unklarer Bleibeperspektive stehen der Aufbau einer therapeutischen Beziehung, nicht nur traumabedingt, Misstrauen und Hoffnungslosigkeit im Weg. Vielmehr verunmöglicht die pure Angst vor der Wiederholung der bereits erlebten Todesnähe die gewöhnliche psychotherapeutische Arbeit. Der Kontakt zum Therapeuten basiert dann eigentlich fast nur auf der Basis des Wunsches, dass Angst und Schrecken aufhören sollen[29]. In einigen Fällen gehört es daher aus unserer Sicht zur Aufgabe als Therapeutin, auch Bescheinigungen und Stellungnahmen zu schreiben, denn oft haben unsere Bescheinigungen bei Behörden doch Einfluss, und wir können etwas erreichen, wenn wir z. B. aufgrund der psychischen Verfassung für unsere Klienten eine Verlängerung des Aufenthaltes oder Einzelunterbringung erwirken. *Dies verstehen wir als an die sozio-kulturelle und gesellschaftliche Realität des Patienten angepasste psychotherapeutische Arbeit.* Dabei kommt der Wahrung der Autonomie in der Therapie durch Transparenz und Ernstnehmen der Lage des Klienten eine große Bedeutung zu. Auch konkrete Empfehlungen können hilfreich sein.

7.3 Hinweise für die Praxis

- Die verständliche Weitergabe unseres Fachwissens um die Auffälligkeiten und Besonderheiten unserer Patientinnen kann vielen Entscheidungsträgern helfen, fundiertere Entscheidungen zu treffen.
- Die Inhalte dringender Briefe zu erklären kann manchmal entscheidende Entlastung bringen. Oft verbessert es die therapeutische Beziehung, wenn die Patienten erleben, dass sie uns auch aktuell belastende Dinge in die Hände legen können, ohne abgewiesen zu werden.
- Professionelle Dolmetscher einsetzen, nicht auf Angehörige der Patienten zurückgreifen.

29 Joksimovic, L., Kruse, J.: Stabilisierende psychodynamische Traumatherapie für Flüchtlinge – ein Leitfaden für das therapeutische Vorgehen bei PTBS und Somatisierung. Psychother Psychosom Med Psychol 2017; 01: 5–48

KAPITEL 8

Kleine Schritte

8.1 Was Sie erwartet

Die folgende Geschichte zeigt, wie das schwere menschliche Leiden sich in der Komplexität der Krankheitsgeschichte, über welche referiert wird, abbilden kann. Sie zeigt, dass die traumabezogenen Folgen – möglicherweise v.a. die Folgen sexualisierter Gewalterfahrungen – nicht immer »nur« in einer PTBS bestehen. Auch andere Symptome und Beschwerdebilder kommen vor: psychiatrische Krankheitsbilder, körperliche Erkrankungen, Verhaltensauffälligkeiten, Rauchen. Es ist uns wichtig zu erzählen, dass die Folgen einer einzigen Vergewaltigung das Selbstverständnis und die Beziehung zu sich selbst tief greifend erschüttern können. Manchmal können nicht einmal eine gute Kindheit, gute aktuelle Beziehungen und äußere Sicherheit von den schlimmen Folgen ausreichend schützen. Wir beschreiben in der folgenden Fallgeschichte, dass es für das präzise Verstehen einer derartigen Krankheitsgeschichte und somit des Leidens der Patientin immer nur um sehr kleine Schritte gehen konnte, was für die Therapeutin eine große Herausforderung darstellte.

8.2 Frau Ashija

Ljiljana Joksimovic

Die Patientin stammt aus dem Kosovo und gehört der ethnischen Minderheit der Aschkali an. Aus Medien und später von ihren Angehörigen erfuhr ich, dass sie von der serbischen Regierung nicht viel anders als Angehörige der albanischen Ethnie behandelt wurden, d. h., sie waren Diskriminierungen und Repressalien ausgesetzt. Die albanischen Nachbarn warfen aber den Aschkalis vor, sie hätten mit der serbischen Regierung kooperiert. Es kam zu schweren Angriffen und Plünderungen, zum Niederbrennen und zur völligen Zerstörung von Aschkali-Siedlungen sowie zur Vertreibung durch Angehörige der albanischen Kosovaren.

Die Patientin selbst sprach während der gesamten Therapiedauer nie über Serben, Albaner oder Aschkalis. Sie sprach zu Beginn der Behandlung nur über »schlimme Gedanken«, deren Inhalt weder für die Vorbehandler noch für mich zu eruieren war. Außerdem sprach sie insgesamt relativ wenig Deutsch, sie besuchte aber einen Sprachkurs und wandte das, was sie an Deutschkenntnissen hatte, gut an. Sie lehnte die Arbeit mit Dolmetschern ausdrücklich ab. Bereits seit drei Jahren erhielt sie verschiedene Medikamente, darunter auch Antipsychotika, ohne deutliche Besserung. Die schlimmen Gedanken waren fast immer da. Es dauerte mindestens ein Jahr, bis sie anfing, über schlimme Menschen, die den Krieg wollen, zu sprechen. Dann sprach sie, etwa weitere zwei Jahre später, über »böse Männer«, die ihr Leben »kalt« gemacht haben, und schließlich, etwa im fünften Behandlungsjahr, über schlimme Erinnerungen, die ihr schlimme Angst machten. Zum Ende der Therapie sprach die Patientin über schlimme Erinnerungen, die ihr aber nicht mehr so viel Angst machten wie früher. Darüber war sie sehr erfreut. »Es tut mir so gut, nicht mehr so viel Angst zu haben. Ich bin richtig glücklich darüber. Manchmal habe ich gar keine Angst, dann lache ich. Mein Mann sagt, ich lache wieder wie früher, ohne Grund. Ich lache dann. Das, was ich erlebt habe, werde ich aber trotzdem nie vergessen«, war der Abschlusssatz nach fast neun Jahren ambulanter psychotherapeutischer Behandlung, nach neun Jahren der Psychotherapie der kleinen Schritte. In diesen neun Jahren fanden genau 92 Einzeltermine mit der Patientin statt, die zwischen 10 und maximal 30 Min. dauerten. Außerdem fanden ein fremdanamnestisches Gespräch mit dem Ehemann, zwei Paargespräche, ein fremdanamnestisches Gespräch mit der Schwester und ein Telefonat mit dem Ehemann statt.

Die Patientin erhielt also insgesamt 2000 Minuten Therapie. Umgerechnet in die Einheiten einer Richtlinientherapie sind dies 40 Stunden à 50 Minuten.

Zu den Vorbehandlungen: Die Patientin befand sich seit drei Jahren in medizinischer Betreuung durch den Haus- und Nervenarzt aufgrund von diversen diffusen körperlichen Beschwerden wie Kribbeln und Taubheitsgefühlen in Armen und Beinen, Atembeschwerden und allergischen Hautveränderungen. Innerhalb von drei Jahren war sie fünf Mal in stationärer psychiatrischer Behandlung. Aus den Berichten war zu entnehmen, dass die Aufnahmen aufgrund von krisenhaften Dekompensationen mit Dissoziationen und Suizidalität erfolgt waren.

Vorbemerkung: Um fachlich nachvollziehbar zu machen, wie der Behandlungsfall sich zunächst im psychiatrischen Kontext präsentierte, werden die damals vorliegenden Krankenhausberichte in Auszügen dargestellt:

Januar 2002: Die Patientin leidet an einer schweren depressiven Episode (ICD-10: F32.2) sowie einer Posttraumatischen Belastungsstörung (ICD-10: F43.1) … Über das Trauma machte die Patientin selbst keine Angaben, der Ehemann berichtete fremdanamnestisch … Wir empfehlen kognitiv verhaltenstherapeutisch orientierte Gespräche alle ein bis zwei Wochen. Unerlässlich ist eine langfristige Psychopharmakotherapie, aktuell bestehend aus 10 mg Aripiprazol, 8 mg Reboxetin, 125 mg Amitriptylin retard sowie 80 mg Pipamperon.

Mai 2002: Die Patientin kam notfallmäßig in einer hochgradig ängstlich agitierten Verfassung zur Wiederaufnahme auf eine geschlossene Station, wo sie initial durch Verzweiflung und lautes Weinen und Schreien imponierte. Es erfolgte eine kombinierte Psychopharmakotherapie, auch mit Lorazepam zur Krisenintervention … Im weiteren Verlauf konnte die Gabe von Lorazepam ausgeschlichen werden … Auch ließ sie sich nun die am Aufnahmetag mittels einer

Zigarette am rechten Handrücken beigebrachten Verbrennungen versorgen. Diesbezüglich berichtete sie, dass sie sich an die Selbstverletzung nicht mehr erinnern könne und dabei keinen Schmerz empfunden habe. Dg. rezidivierende schwere depressive Episode (ICD-10: F33.2), Posttraumatische Belastungsstörung (ICD-10: F43.1), dissoziative Störung (ICD-10: F44.9). Therapievorschlag: Ambulante Psychotherapie. Medikation unverändert.

Februar 2003: Die Patientin wurde aufgrund einer affektiven Dekompensation vor dem Hintergrund einer bekannten Posttraumatischen Belastungsstörung auf unserer geschlossenen Kriseninterventionsstation behandelt … In der ersten Woche wirkte die Patientin hochgradig affektivlabil und -inkontinent, innerlich unruhig, grübelnd und konnte sich nicht von Suizidalität distanzieren. Die antipsychotische Medikation mit Aripripazol wurde auf Quetiapin umgestellt, eine vorübergehende Behandlung mit Lorazepam zeigte guten Erfolg. Bei fehlenden Anhaltspunkten für eine akute Eigen- oder Fremdgefährdung entließen wir sie in einem ausreichend stabilisierten Zustand auf ihren eigenen Wunsch hin. Die antipsychotische Medikation mit Aripripazol wurde auf Quetiapin umgestellt. Diagnose: rezidivierende schwere depressive Episode (ICD-10: F33.2), Posttraumatische Belastungsstörung (ICD-10: F43.1), dissoziative Störung (ICD-10: F44.9), Persönlichkeitsänderung nach Extrembelastung (ICD-10: F62.0). Medikation: Quetiapin 100–75–150 mg.

Vorstellung in der Traumaambulanz für Flüchtlinge im April 2003: Die Patientin kam zu dem vereinbarten Termin in Begleitung des Ehemannes, der sich bereits vor dem Krieg in Deutschland aufgehalten hat. Auf den ausdrücklichen Wunsch von beiden sprach ich erst mal allein mit ihm. Er berichtete von dem, was in den Arztberichten schon stand, und fügte noch hinzu, die Dorfbewohner seien vor einem befürchteten Angriff durch Serben in ein entferntes Lager nach Mazedonien geflüchtet. Dort hätten sie sich unter schwierigen Lebensbedingungen etwa drei Monate lang aufgehalten, bis es geheißen habe, dass sie ohne Angst wieder in die Heimat zurückkehren könnten. Seine Frau habe sich gerade ein paar Tage in ihrem geplünderten Haus aufgehalten, als unvermutet drei albanische Männer eingebrochen seien. Diese hätten sie beschimpft und in den Wald verschleppt, sie hätten schlimme Sachen mit ihr gemacht, sie geschlagen. Anschließend hätten sie im Dorf Bescheid gegeben, dass man sie im Wald abholen könne. Die Familie habe sie nackt und blutend im Wald am Rand des Dorfes, auf dem Boden liegend, gefunden. Man habe seinem Bruder eine Waffe an die Schläfe gehalten und ihm gesagt, dass sie alle sterben müssten, falls sie es je wagen sollten, zurückzukehren. In den nächsten Tagen hätten sich alle Dorfbewohner aus Angst vor Angriffen durch die albanische Mehrheit wieder auf den Weg nach Mazedonien gemacht. Er habe seine Frau in Mazedonien abgeholt und zu sich nach Deutschland mitgenommen. Er habe sie nicht wiedererkannt: »Sie sah wie eine Verrückte aus.« Er kämpfte mit den Tränen in den Augen und sagte: »Sie wissen, wie schlimm das bei uns ist, wenn eine Frau das erlebt. Wir sprechen nicht darüber, ich habe auch keine Zeit, ich muss viel arbeiten.« Als ich fragte, wie es ihm mit alldem gehe, sagte er, dass seine Frau schon lange im Warteraum auf die »Untersuchung« bei mir warte und er sich Sorgen mache.

Wir gingen zusammen in den Warteraum, um die Patientin abzuholen. Sie war aber nicht dort. Ihr Mann vermutete richtigerweise, dass sie vor dem Haus rauche, und holte sie ab.

»Zigaretten helfen mir«, war ziemlich das erste, was die Patientin mir sagte. »Hier ist alles eng«, sagte sie und zeigte mit beiden Händen auf ihren Brustkorb. »Mein Hausarzt schimpft mit mir, sehr netter Arzt, hat viel geholfen, sagt, ich muss aufhören zu rauchen. Ich kann nicht aufhören zu rauchen.« – »Wieso nicht?«, fragte ich. »Die Zigaretten helfen mir.« – »Wann helfen die Zigaretten denn?« – »Ich verstehe die Frage nicht. Weiß ich nicht.« Sie berichtete über die Angst, ihre schlimmen Gedanken und über den Wunsch, dass ich ihr helfe, diese Gedanken zu vertreiben, und über die Magenschmerzen, die sie in Verbindung mit der Einnahme von so vielen Medikamenten sah. Was ich dazu sagte, schien sie nicht besonders zu interessieren. Nach ca. 10–15 Minuten wollte sie gehen, da sie schon so lange gewartet habe und es ihr nicht gut gehe. Die darauffolgenden Termine liefen ähnlich ab. Die Therapie schien zu stagnieren und es wurden nur wenige Worte gewechselt. Es drehte sich alles um schlimme Gedanken und Angst. Manchmal berichtete sie über den Besuch der Schwester, Schuldgefühle dem Mann gegenüber, da sie so oft nicht viel im Haushalt machen könne, über Arztbesuche und über keine Lust zu nichts.

Den erlebten Schrecken auch nur mit einem Wort zu erwähnen, schien unmöglich zu sein. Auffallend war, dass sie immer nach genau 10–15 Min. Gesprächsdauer darauf bestand, gehen zu dürfen. Ich stimmte dem zunächst zu. Nach einiger Zeit sprach ich das Thema an.

»Mir fällt auf, dass Sie regelmäßig nach ca. 10 – 15 Minuten gehen wollen. Ich plane hier von meiner Seite aber mindestens 30 Minuten Zeit für Sie ein.«

»30 Minuten? Das schaffe ich nicht. Ich weiß nicht, was ich sagen soll.«

Pause

»Ich möchte die Kontrolle nicht verlieren, wissen Sie?«

»Nicht ganz. Ich nehme es aber sehr ernst, was Sie mir jetzt sagen. Über was genau möchten Sie keine Kontrolle verlieren?«

»Ich möchte jetzt gehen, bitte, darf ich? Ich möchte aber wiederkommen.«

Beim nächsten Termin berichtete die Patientin Folgendes:

»Bevor ich zu Ihnen gehe, manchmal auch zwei, drei Tage davor, nehme ich mir vor, mit Ihnen lange zu reden, Ihnen alles zu erzählen. Ich wollte es auch letztes Mal, jetzt auch in diesem Moment möchte ich Ihnen alles erzählen, das geht aber nicht, ich kann es nicht. Ich möchte, dass Sie das wissen, dass ich reden will, aber dass ich das nicht kann.«

Sie hatte leicht feuchte Augen und einen etwas abwesenden Blick.

»Das ist jetzt sehr wertvoll, was Sie mir mitgeteilt haben.«

»So ist das. Ich sage Ihnen die Wahrheit. Darf ich jetzt bitte gehen?«

Ich schaue auf die Uhr. Wieder waren knapp 10 Minuten vergangen.

»Ja, Sie dürfen jetzt gehen.«

»Können Sie mir bitte den nächsten Termin aufschreiben?«

»Ja, das kann ich machen. Wieder in zwei Wochen?«

»Für mich ist auch in drei Wochen in Ordnung.«

»Was ist Ihnen lieber?«

»In drei Wochen.«

Von dieser Patientin lernte ich, vor welche Mutprobe ein Mensch gestellt wird, der im Rahmen einer Psychotherapie die Rekonstruktion des Traumas beabsichtigt. Aber auch vor welche Herausforderung das therapeutische Bündnis gestellt wird. Ich glaubte der Patientin, dass sie über das, was sie erlebt hat, nicht einfach reden kann. Aber es gab auch Momente, wo ich es ihr nicht glauben konnte. Ich ärgerte mich dann über sie. Ich spürte den Impuls, ihr immer wieder zu sagen und mich damit zu wiederholen: »Sie sind überängstlich, das, was Sie erlebt haben, ist die Vergangenheit.« Sie wusste das aber. Oder sogar: »Wenn Sie immer wieder vermeiden, über alles, was Sie belastet, zu sprechen, stagniert die Therapie und die Chancen auf Genesung bleiben gering.« Auch das wusste sie.

Oder das Gespräch lief wie folgt ab:

»Sie müssen mir nicht alles erzählen. Sie wissen, wir haben es schon besprochen und geübt, wie wichtig es ist, dass Sie das Gefühl der Kontrolle haben und über alles, was in der Behandlung passiert, mitbestimmen können. Möchten Sie dennoch nicht vielleicht einen kleinen Anfang machen?«

Der Kopf der Patientin fing an zu zittern, sie begann zu schreien. In den darauffolgenden drei oder vier Sitzungen herrschte Angst im Raum, diese spürte ich regelrecht. Ich wollte der Patientin keine Angst machen, sie verspürte aber große Angst und sprach wieder über schlimme Gedanken.

In der Supervision wurde mir bewusst, dass ich mir und somit der Patientin Druck machte, weil ich sehr unsicher darüber war, ob es richtig war, die therapeutischen Gespräche regelmäßig zu kürzen, diese niederfrequent stattfinden zu lassen, nur so wenige Worte miteinander zu wechseln, andauernd stabilisierend und haltgebend zu arbeiten, oft zu zeichnen, um etwas zu erklären, inzwischen seit drei

Jahren. Nicht zuletzt bedingt durch den akademischen Kontext, in dem ich die Patientin behandelte, stellte ich mir immer wieder die Frage, ob das, was ich tue, »evidence-based« (also wissenschaftlich überprüft) ist, und wenn nicht, mit welchem Recht ich es dann tue.

Mit der Zeit fragte ich mich aber auch, mit welchem Recht wir Therapeuten darauf bestehen, dass jemand mit uns genau 50 Minuten sprechen muss, wenn so viel unsagbar ist. Was ist überhaupt Zeitdauer? Eine Minute des Schreckens kann sehr lang sein, zu lang. Sollen Patienten, die nicht in der Lage sind, jede Woche 50 Minuten mit einem Therapeuten zu sprechen, wirklich keine Therapie erhalten? Dieses Hinterfragen tat mir gut.

Bei der Erforschung der aktuellen Lebenssituation der Patientin erfuhr ich, dass sie im Rahmen der Familienzusammenführung einen geregelten Aufenthaltsstatus erhalten hatte und z. B. nie von Abschiebung bedroht gewesen war. Ihr Mann arbeitete, eine Schwester und ein Bruder von ihr wohnten mit ihren Familien im Umkreis von 50 Kilometern und unterstützten und besuchten sie. Sie ging inzwischen zwei Stunden täglich arbeiten. Die Stelle hatte ihre Schwester vermittelt. Der Arbeitgeber zeigte Verständnis, als sie einmal die unerledigte Arbeit liegen ließ und aus unaushaltbarer Angst, dass jemand in das Büro einbrechen und sie töten könnte, regelrecht aus dem Raum flüchtete.

Ich verglich ihre Lebensumstände mit denen anderer geflüchteter Menschen, die unsere Ambulanz aufsuchten. Sie lebten zum Teil in größter Unsicherheit bezüglich des Bleiberechts, wohnten in Sammelunterkünften, hatten keine Arbeit, keine Familie, kein soziales Netz. Die Arbeit mit dieser Patientin hat mir gezeigt, wie unsinnig es aber ist, derartige Vergleiche anzustellen.

Über ihr Leben vor dem Trauma wusste ich eigentlich fast gar nichts. Ich wusste nicht, was durch das erlebte Trauma alles zerstört worden war. Was war das, an das sie sich in ihrem Leben gehalten hatte, woran hatte sie geglaubt?

Sie verpasste keine einzige »Therapiestunde«. Inzwischen konnte ich ihre Reaktionen auf die traumatischen Erinnerungen immer besser zuordnen und die Sprache ihrer Symptome besser verstehen.

Wenn sie ungewollt und plötzlich von Erinnerungen heimgesucht wurde, welche sie aber mit erlernten Übungen wegzudrücken schaffte, stellte sie mir immer wieder die Frage, warum diese Menschen so böse zu ihr waren. Sie haderte mit ihrem Schicksal und beklagte dann Schlaf- und Konzentrationsprobleme, Angespanntheit und Zunahme vom Kontrollzwang (ob sie den Herd ausgemacht hat, Tür abgeschlossen hat etc.).

Einmal kam sie ohne Termin. Sie hatte weit aufgerissene Augen und einen weit geöffneten Mund, während sie das Wort »Angst« aussprach. Sie beklagte Herzrasen, Appetitlosigkeit und Zunahme des Rauchens. So sah bei ihr i. d. R. die Reaktion aus auf flashbackartige Erinnerungen, welche sie nicht zu unterdrücken schaffte. Sie war danach manchmal tagelang extrem ängstlich. In diesen Tagen verlor sie auch ihre psychische Fähigkeit, sich mit anderen Menschen verbunden zu fühlen: sie ging nicht ans Telefon, wenn die Schwester anrief, sie wusste nicht, ob ihr Mann in der Wohnung war oder nicht.

Mit der Zeit konnte ich immer genauer verstehen, welchen Schrecken und psychischen Schaden das Trauma bei ihr angerichtet hatte. Welchen körperlichen Schaden sie davongetragen hatte, erfuhr ich, als sie mir Bilder von sich mitbrachte, die ihr Mann in der Wohnung hatte. Ich sah auf dem Foto eine unglaublich schöne junge Frau mit einer ganz besonderen Ausstrahlung, mit dem traditionellen Schmuck auf der Stirn und um den Hals, sie sah aus wie in einem Film.

Es war sehr wichtig, dass der Verlust dieser Schönheit für mich sichtbar wurde. Ich glaube nicht, dass sie mir das jemals anders hätte begreiflich machen können, wie sie früher ausgesehen hatte. Jetzt verstehe ich, warum es geflüchteten Menschen so wichtig ist, ein paar Bilder zu retten und auf der Flucht mitzunehmen. Nur Fotos sind manchmal der Beweis dafür, wer man früher war.

»Bei dem, was diese Männer mit mir gemacht haben, verlor ich meinen Körper. Ich spürte ihn bis vor einiger Zeit nicht mehr. Ich schenkte ihm auch keinen Blick, denn es gab ihn für mich nicht. Jetzt spüre ich ihn wieder. Bitte lachen Sie nicht, wenn ich sage, dass ich jeden Schmerz mit Freude ertrage, weil ich meinen Körper wieder spüre.«

»Wie haben Sie eigentlich vor dem Krieg gelebt?«

»Wie eine Prinzessin.«

»Oh, mit dieser Antwort habe ich in keinster Weise gerechnet, das klingt ungewöhnlich.«

»War es auch. Viele haben nicht daran geglaubt. Wenn ich z. B. hier in Deutschland zu Besuch bei meiner Schwester war, haben mich Bekannte und Familie gefragt, warum ich nicht hierbliebe. Das wollte ich nie. Mein Mann und ich haben geplant, dass er zurückkehrt, wenn unser Haus fertiggestellt wird. Ein sehr schönes, festes Haus, ganz allein für uns beide. Garten, Tiere, unser schöner großer Hund. Ich höre immer noch sein Bellen, als wir zum ersten Mal das Dorf verlassen haben. Ich sehe meinen Vater, wie er sich von ihm verabschiedet und wie der Hund ahnungslos seine Pfoten auf den Oberschenkeln meines Vaters hält, wie bei einer gewöhnlichen Verabschiedung. Wir konnten ihn nicht mitnehmen. (Pause) Kein einziges Tier war im Dorf, als wir zurückkehrten.«

Der Patientin versagte die Stimme. Sie wirkte abwesend, sackte in sich zusammen, legte den Kopf nach hinten und fing an, wie Hundebellen anmutende Geräusche von sich zu geben. Meine Sekretärin klopfte an die Tür, ich ließ sie herein, wir legten Kühlpads auf die Brust der Patientin. Sie kam langsam zu sich. Sie wühlte etwas verstört wirkend in ihrer Tasche herum, fand die Zigaretten und wollte eine anzünden. Ich sagte ihr, dass das in diesem Raum nicht gehe. Erst dann wirkte es so, als ob sie wieder »da« sei.

»Darf ich jetzt gehen?«

(Ich schaute auf die Uhr, ca. 15 Minuten waren vergangen.)

»Wo gehen Sie jetzt hin? Was wollen Sie als Erstes tun?«

»Ich rauche eine vor dem Haus, dann nehme ich den Bus nach Hause.«

Ich ließ die Patientin gehen. Später fiel mir ein, dass ich ihr keinen neuen Termin gegeben hatte.

Es wurde im weiteren Verlauf immer deutlicher, was die Patientin alles verloren hatte, und ich erfuhr immer mehr über Lebensart und Lebensweise der Aschkalis, die sich selber Ägypter nennen, z. B. über deren Rituale zur Heirat, Tod und Geburt, Tochter bzw. Frau als Repräsentantin des Vaters bzw. des Ehemannes etc.

Ich verstand, dass das Trauma die Möglichkeiten auf die Fortführung ihrer bisherigen Art zu leben eigentlich völlig ausgelöscht hatte. Ich fror ein wenig bei dieser Vorstellung. Der von ihr so oft wiederholte Satz: »Mein Leben ist kalt«, gewann für mich eine Bedeutung.

Nach etwa einer Woche meldete sie sich und vereinbarte einen neuen Termin.

»Ich habe heute viel geraucht.«

»Heute haben Sie viel geraucht. Mehr als sonst?«

»Weiß ich nicht. Ich habe vorher immer gedacht, dass mein Mann diese Zigaretten geraucht hat. Jetzt weiß ich, dass ich viel rauche.«

»Wie viel haben Sie geraucht?«

»10–12 Stück, denke ich, von 7.00–11.00 Uhr. Das ist viel.«

»Warum haben Sie so viel geraucht?«

»Weiß ich nicht. Ich denke, wegen Gedanken.«

»Sie meinen Erinnerungen?«

»Ja, Gedanken. Sie wissen.«

»Was haben die Erinnerungen mit Rauchen zu tun?«

»Rauchen hilft mir. Die Zigaretten helfen.«

»Seit wann rauchen Sie eigentlich?«

»Seit dem Krieg. Früher habe ich Rauchen gehasst. Ich habe in meinem Haus das Rauchen nicht erlaubt. Es war bei mir immer alles frisch und sauber.«

»Wie kam es dann, dass Sie während des Krieges angefangen haben zu rauchen?«

Die Patientin fing an zu weinen, laut und etwas kindlich. Sie griff nach ihrer Tasche und holte ein Taschentuch heraus. Sie richtete sich im Stuhl auf, holte tief Luft und sagte:

»Als die Männer das mit mir gemacht haben, danach, ich weiß nicht, was danach passiert war. Ich kann mich nur erinnern, dass ich im Haus meiner Eltern auf dem Sofa saß. Es waren nur Frauen aus dem Dorf da. Eine alte Frau gab mir eine Zigarette und sagte: ›Kind, rauch ruhig eine, das wird dir helfen.‹ Ich tat das. Dann kam ich irgendwie zu mir.«

Im weiteren Verlauf thematisierte sie oft ihren Wunsch, mit dem Rauchen aufzuhören. Sie beklagte Husten, Atembeschwerden, Magenschmerzen, welche sie jetzt in Verbindung mit Rauchen brauchte. Die Medikamente nahm sie nicht mehr.

»Können Sie sich vorstellen, weniger zu rauchen?«

»Ja, vielleicht.«

»Ich denke, dass Sie es schaffen könnten. Wissen Sie warum?«

»Nein.«

»Weil es inzwischen so vieles gibt, was Ihnen hilft. Ihre Arbeit tut Ihnen gut, das Treffen im Sprachcafé. Sie wissen, dass Ihre Gedanken keine verrückten Gedanken sind, sondern belastende Erinnerungen, die Sie immer wieder überfallen. Also, es gibt heute viel mehr, was hilft als allein das Rauchen.«

»Ja. Und Therapie hilft mir auch.«

Die Patientin fing an zu weinen.

»Ich habe sehr lange nicht daran glauben können, dass mir die Therapie helfen kann.«

Es wurde rückblickend deutlich, dass die Patientin jahrelang nach dem Trauma quälenden Flashbacks ausgesetzt war. Sie war eigentlich permanent getriggert, in der Bahn oder beim Einkaufen, wenn sie z. B. die Sprache der Täter hörte, wenn die Familie zu Besuch war, wenn ihr Mann Nachrichten aus der Heimat hörte, schließlich auch, wenn sie rauchte. Es weckte so vieles die Erinnerungen an das frühere Leben und auch an das Ereignis; sie hatte ständig das Gefühl, in Gefahr zu sein, und viele hielten sie einfach für verrückt. Das spürte sie, und je nachdem, wer es war, empfand sie Angst, Hass, Scham. Die Gedanken beherrschten ihr Leben, vieles blieb so wortlos unveränderbar, starr, gleich. Sie nannte es kaltes Leben. »Ich trage keinen Schmuck mehr, mache auch keine Haare.« Sie musste große Beschränkungen im Innenleben wie auch bei äußeren Aktivitäten hinnehmen.

Warum war hier eine Therapie der kleinen Schritte so notwendig?

Nach neun Jahren Psychotherapie scheint die Antwort relativ einfach zu sein: Weil das, was die Patientin erlebt hatte, sie persönlich auf extreme Weise hilflos machte und einer ungeheuren Angst und totalem Kontrollverlust aussetzte und schließlich zu einem Gefühl der völligen inneren Lähmung und Vernichtung ihrer bisherigen Art zu leben, zu fühlen und zu denken führte. Das Trauma vernichtete ihre Identität, auf welche sie stolz gewesen war. Identitätsstiftend war für sie ganz zentral, dass sie Frau war, und zwar eine sehr schöne Frau, eine ungewöhnlich schöne Frau. Ihre Schwester beschrieb sie als damals sehr fröhliche, schon früh sehr modebewusste Frau, die immer sehr viel Wert auf eine perfekte Haushaltsführung und tadelloses Aussehen gelegt hatte. Sie wurde kein zufälliges Opfer, sie wurde ausgesucht, von Tätern, die sie kannten. Sie wurde ausgesucht, weil sie so schön war. Als ich sie kennenlernte, wussten wir aber beide ganz und gar nichts von alledem. Sie hatte keinerlei Worte dafür.

Von dieser Patientin lernte ich, wie unsinnig es ist zu denken, dass 50 Minuten Therapie besser sind als 10 oder 12 Minuten. Wir konnten in der Therapie rekonstruieren, dass die Patientin während der Vergewaltigung wahrscheinlich nach 10–15 Min. einen völligen Kontrollverlust und Zusammenbruch erlebt hatte, zumindest scheinen ihre Seele und ihr Körper es so gespeichert zu haben. Erst nach dieser Rekonstruktion war es möglich, längere Gespräche mit ihr zu führen.

Zusammenfassung

In diesem Beispiel wird gezeigt, wie vielschichtig Symptome der Traumatisierung sind. Häufig lassen sie nicht per se auf die Traumatisierung schließen, wie es z.B. hier mit dem Rauchen der Fall war. Die Geschichte unterstreicht ebenfalls, dass es für die erschwerte Verarbeitung ausschlaggebend sein kann, wenn erlebte Traumata die Kernfragen unseres Daseins berühren, wie z.B. die Fragen der eigenen Identität. Um die verborgene intime Bedeutung der Traumatisierung für das Individuum zu erkennen und anzuerkennen, ist im transkulturellen Kontext eine Exploration der Lebensgeschichte und der Lebensweise des Menschen notwendig, auch wenn das wie in diesem Fall lange dauerte.

Diese Geschichte soll ermutigen, unkonventionelle therapeutische Wege zu gehen und dafür die professionelle Verantwortung zu übernehmen.

8.3 Hinweise für die Praxis

Hinweise zu Sprache, Übersetzung, Sprach- und Kulturmittlung

- Wenn eine Arbeit mit Dolmetschern oder muttersprachlich nicht möglich ist, sollten Patienten, wenn sie auch nur einige Deutschkenntnisse besitzen, nicht abgewiesen werden.
- Therapeuten sollten sich mit den Möglichkeiten der sprachreduzierten Arbeit vertraut machen und sollten sich trauen, diese anzuwenden[30]. Selbst wenn das den Ablauf wesentlich verlangsamt, ermöglicht es die Durchführung von hilfreichen Therapien.
- Die Bereitschaft, sprachreduziert zu arbeiten, ist ein Zeichen von Toleranz und Wertschätzung und ermutigt zu sprechen.
- Bei der sprachreduzierten Arbeit ist es wesentlich, sich stets authentisch um Verständigung zu bemühen. Dabei sollen je nach Kontext Sprachtempo, Wortwahl, Dauer der Therapiesitzung etc. angepasst werden.
- Manchmal ist es sinnvoll, geeignete Sprachhilfen wie Bilder, Zeichnungen etc. einzubeziehen.
- Bei der Arbeit ohne Kultur- und Sprachmittlerinnen sollten wir uns etwas Hintergrundwissen zu dem jeweiligen Herkunftsland aneignen.

Hinweise zum Thema Kontrolle

- Geflüchtete mit wenig Deutschkenntnissen sind hierdurch noch unsicherer und misstrauischer als sonst.

30 Belz, M., Özkan, I. (2017): Psychotherapeutische Arbeit mit Migranten und Geflüchteten. Göttingen, Vandenhoeck & Ruprecht; Kapitel 5.

- In einigen Fällen wechseln selbst in der therapeutischen Stunde die Gefühle der Sicherheit und Unsicherheit ständig. Oft müssen wir unsere schwerst traumatisierten Klientinnen und Patienten explizit daran erinnern, dass sie während des Gespräches mit uns und in unserer therapeutischen Praxis ganz sicher sind, um überhaupt ein Gespräch zu ermöglichen.
- Durch transparentes Bemühen um Verständigung trotz der Sprachbarriere (z.B. Verwendung von einfacher Sprache, wiederholtes Vergewissern, dass man sich gegenseitig verständlich gemacht hat etc.) wird Patienten mehr Kontrolle ermöglicht.

Hinweise zur Haltung der Therapeutinnen

- Wir sollten von einer eher starren Vorstellung über den »richtigen« Verlauf einer Psychotherapie Abstand nehmen können.
- Wir sollten damit einverstanden sein, dass gerade schwerst traumatisierte, seelisch verletzte und geschädigte Personen das Tempo der therapeutischen Arbeit aktiv mitbestimmen.
- Eine lohnende Haltung ist es, dass Patienten sich von ihren Wunden, sofern sie tragischerweise zum einzigen Lebensinhalt geworden sind, langsam verabschieden dürfen.

Hinweise zu kleinen Schritten

- In der therapeutischen Arbeit mit Geflüchteten kann ein flexibler Umgang mit der Dauer der Behandlung die therapeutische Beziehung entlasten und stärken. Es ist wichtig, die therapeutische Begleitung zuzusichern, solange sie notwendig ist.
- Bedürfnisse und Grenzen von Patientinnen sind zu beachten, auch wenn dafür bestimmte Regeln (vorübergehend) außer Kraft gesetzt werden müssen. Wichtig ist allerdings, fachliche Überlegungen darstellen zu können, warum wir uns für eine Abweichung von Regeln entschieden haben.

KAPITEL 9

Den ganzen Menschen sehen – Trauma ist nicht alles

9.1 Was Sie erwartet

Psychotherapie scheint heute weitgehend von einem Diagnose-orientierten Blick geprägt zu sein. Und die Therapie richtet sich dann häufig nach Manualen, die zur Behandlung der jeweiligen Diagnosen, wenn möglich evidenzbasiert, gelten sollen. Die Menschen, mit denen wir es zu tun haben, sind hochgradig komplex traumatisiert. Die Diagnose PTBS passt meist nicht. Für derart komplexe Schwierigkeiten gibt es in der Regel klinische Erfahrungen verschiedenster Art, aber keine Leitlinien-gestützten Therapieformen. Mit Sicherheit wird man den Menschen nicht gerecht, wenn man sich *ausschließlich* an den Empfehlungen für die PTBS orientiert. Wie hier mehrfach beschrieben, gilt es, sich auf den jeweiligen Menschen im Rahmen einer haltgebenden Beziehung einzulassen. Dazu gehört auch, dass wir nicht nur den Geflüchteten sehen, sondern dessen ganze Geschichte, die manchmal, wenn auch nicht immer, auch ressourcenvoll gewesen sein mag. Aber selbst wenn der Mensch schon vor der Flucht traumatisiert wurde, verfügt er über etwas, das wir »Überlebenskunst« nennen wollen. Und wir meinen, dass es wichtig ist, alles, was zu dieser Überlebenskunst dazugehörte und -gehört, sorgfältig zu registrieren und aufzugreifen, wo immer das möglich ist. Wir durften Geschichten und Metaphern aus fernen Kulturen hören, die wir dankbar aufnahmen und die seither unser eigenes therapeutisches Repertoire erweitern. Da auch diese Facette einen wichtigen und Kraft spendenden Teil der therapeutischen Arbeit mit geflüchteten Menschen darstellt, möchten wir in diesem Kapitel auch einige Geschichten teilen, in denen die Kraft, die Ressourcenvielfalt und der kulturelle Schatz unserer Klientinnen sichtbar werden.

9.2 Herr Okeke

Simone D. Kaster

Bei unserem Abschlussgespräch sagte ich Herrn Okeke, dass ich viel von ihm gelernt und große Achtung und Respekt vor ihm habe. Er sah mich mit großen Augen an und lachte verlegen. Genau das hatte ich von Anfang an empfunden. Zum ersten Mal während meiner Praxistätigkeit hatte ich einem Menschen gegenübergesessen, der Folter und Flucht erfahren und überlebt hatte; und trotzdem hatte ich nie das Gefühl, einen »gebrochenen Mann« vor mir zu haben. Er war sich immer treu geblieben, sowohl unter Folter in seinem Heimatland als auch unter den massiven Provokationen, denen er in Deutschland in seiner Unterkunft ausgesetzt war. Herr Okeke hatte unvorstellbare Grausamkeiten im Gefängnis erlebt, und trotzdem konnte er gut unterscheiden, dass das Verhalten seiner Folterer würdelos war, dass sie ihm aber seine Würde nicht nehmen konnten, egal, wie sehr sie ihn zu demütigen versuchten. Herr Okeke blieb innerlich immer aufrecht, egal, wie sehr sie ihm äußerlich zusetzten. In der Therapie saß mir ein Mann gegenüber, der vom Leben gezeichnet war, aber ein Mann mit Würde. Auch in seinen schwersten Zeiten fand er auf seine Art einen Weg, mit den Widrigkeiten umzugehen.

Sicher wäre es auch möglich gewesen, den Scheuklappenblick aufzusetzen und Herrn Okeke nur in seinen Traumata, seinen Verletzungen, seiner Not, seiner Angst und seiner Unsicherheit zu sehen. Aber das hätte weder meiner therapeutischen Haltung noch meinem Menschenbild entsprochen, aber vor allem wäre ich seiner Person nicht gerecht geworden[31].

---

31 S. auch Kaster, S. D. (2018): Grenz-Erfahrungen – Existenzanalytische Psychotherapie mit Geflüchteten, Existenzanalyse, 35/2, GLE

Eingedenk seiner biographischen Erfahrungen war ich beeindruckt davon, wie viel Kraft dieser Mann in sich tragen musste! Allein im Leiden, im Aushalten steckt schon viel Können und damit innere Kraft! Das Aushalten an sich war schon eine Leistung. Wer von uns hätte aushalten können, was Herr Okeke alles ausgehalten hat, wer hätte die Kraft aufgebracht?

Nun kann man aber nicht sagen, dass Herr Okeke »nur« ausgehalten hatte. Allen Widrigkeiten zum Trotz hatte er viele Entscheidungen selbst getroffen und sein Leben, im Rahmen seiner Möglichkeiten, im Griff gehabt, ja sogar selbst gestaltet. Er konnte auf gute Ressourcen zurückgreifen, sodass er selbst in der Zeit, in der es ihm in Deutschland sehr schlecht ging, seinen Alltag gut bewältigen konnte, was keine Selbstverständlichkeit war. Manchmal bedurfte es eines kleinen Anstoßes von mir, wenn es darum ging, wie er sich selbst etwas Gutes tun konnte. Aber das reichte meist, damit er sich wieder in seinen Ressourcen spüren konnte und wusste, welche Strategien er einsetzen musste, um über die schlimmste Zeit der Nervosität und Angst zu kommen.

In unseren Sitzungen ging es neben der Arbeit mit den Ressourcen auch darum, die Selbstwirksamkeit bewusst zu machen. Den Klienten ist der eigene, wenngleich auch manchmal nur kleine, Handlungsspielraum in ihren Lebenslagen oft nicht bewusst. Unsere Aufgabe als Therapeutinnen ist es, dies ins Gespräch zu bringen und die Aufmerksamkeit auf den eigenen Handlungsspielraum, sei er noch so klein, und die damit verbundene Freiheit zur Entscheidung zu lenken.

Herr Okeke entschied sich bewusst dazu, nach Deutschland zu kommen und hier Asyl zu beantragen. Auch entschloss er sich, die jahrelange Ungewissheit des Ausgangs seines Asylverfahrens auszuhalten und nicht Suizid zu begehen. Ebenfalls war es seine bewusste Entscheidung, in der Unterkunft nicht handgreiflich zu werden und auf die massiven Provokationen seiner Mitbewohner nicht zu reagieren. Nach dem positiven Ausgang seines Asylverfahrens nahm Herr Okeke eine Arbeit an, auch wenn der Lohn nicht zum Leben reichte und es eine Zugfahrt von 30 Minuten und einen

Fußweg von 45 Minuten nach den Nachtschichten bedeutete. Die Arbeit trotzdem anzunehmen und den langen Weg auf sich zu nehmen, war seine ganz bewusste Entscheidung.

Dies sind nur einige Beispiele von Entscheidungen, die wir in der Therapie thematisierten und die Herr Okeke in all der Zeit bewusst traf. Damit übernahm er Verantwortung für sich und sein Leben, fühlte sich als Gestalter seines Lebens und weniger fremdbestimmt. Seine Handlungsspielräume wahrzunehmen und dadurch seiner Selbstwirksamkeit bewusst zu werden, verhalf Herrn Okeke zu einem Gefühl von mehr innerer Freiheit[32].

Wie ich meinen Blick auf meine Klienten richte, d.h. meine therapeutische Haltung, beeinflusst stark die Beziehung. Wenn der Klient das Gefühl hat, er wird nur in seinen Defiziten und Verletzungen wahrgenommen, entsteht ein Ungleichgewicht in der Beziehung: Auf der einen Seite die »starke« Therapeutin, die glaubt zu wissen, was für den Klienten gut ist, und auf der anderen Seite der verletzte, traumatisierte, hilflose Klient. Wenn wir denken, wir wüssten besser, was für den Klienten gut ist, als er selbst, sollten wir uns als Therapeutinnen stark hinterfragen. Wir sollten immer die Lösungen und Bewältigungsstrategien der Klienten respektieren, denn wie könnten wir besser wissen, was ihnen guttut, als sie selbst?

Eine Begegnung auf Augenhöhe in der therapeutischen Beziehung ist nur dann möglich, wenn wir den ganzen Menschen im Blick haben, ihn in seinem Können, seinen Stärken, seiner Kraft und seinen Ressourcen wahrnehmen. Erst so werden wir dem Klienten gerecht. Wir müssen uns bewusst machen, dass unsere Klientinnen gute Ressourcen haben müssen, denn sonst säßen sie uns nicht gegenüber! Alle haben eine Fluchterfahrung hinter sich und haben überlebt. Klientinnen, die sich von ihrem Therapeuten nicht ausschließlich in ihrem Defizit und Nicht-Können, sondern vor allem in ihren Stärken wahrgenommen fühlen, fällt es auch leichter, sich zu öffnen und über Verletzungen und Ängste zu sprechen.

---

32 Frankl, V.E. (2007): Ärztliche Seelsorge, Grundlagen der Logotherapie und Existenzanalyse, 2. Aufl., München: Deutscher Taschenbuch Verlag

Nur an den Symptomen unserer Klienten anzudocken und daran zu arbeiten heißt, sie zu pathologisieren. Zwar setzen die Krankenkassen zur Kostenübernahme der Behandlung eine Erkrankung voraus, und wir müssen Diagnosen und Berichte schreiben, jedoch sollte dies unseren Blick nicht dahingehend einengen, in unserem Gegenüber nur den zu behandelnden Klienten in seiner Symptomatik zu sehen. Die ganze Person im Blick zu haben, sollte uns in unserer therapeutischen Haltung eine Selbstverständlichkeit werden. Diese Haltung führt den Klienten zu seinen Ressourcen: Dass ich als Therapeutin an ihn glaube und ihn in seiner Ganzheit und seiner Kraft, seinem Können sehe, hilft, dass auch er sich in seinen Ressourcen spürt und wieder an sich glauben kann.

Wertschätzung, Achtung und Respekt dem Klienten gegenüber sind neben Mitgefühl und Trost wichtige Bestandteile der therapeutischen Haltung und Beziehung.

9.3 Weitere Mutmachgeschichten

Fall 1: Herr Ibrahimi – Eine Kurzzeittherapie

Simone D. Kaster

Was Sie erfahren Diese Fallvignette ist ein beeindruckendes Beispiel eines traumatisierten Geflüchteten, der trotz ungesichertem Aufenthaltsstatus nach nur fünf Sitzungen à 90 Minuten sowie zwei Folgeterminen nach drei bzw. sechs Monaten auf einen erfolgreichen Therapieverlauf zurückschauen konnte. Es handelt sich um einen jungen Mann, der während seines UNO-Blauhelm-Einsatzes als Sanitäter traumatischen Erfahrungen ausgesetzt war, der aber über starke Ressourcen und gute Resilienz verfügte, sodass eine Traumaverarbeitung und der Weg zurück ins Berufsleben nach kurzer Zeit gelingen konnte. In diesem Fall wird deutlich, wie erleichternd es für Traumatisierte sein kann, sich uns Therapeuten mit ihren Erfahrungen »zumuten« zu dürfen, und dass durch das Sprechen über die Traumata schon eine Verarbeitung einsetzen und die Symptomatik sich beruhigen kann.

Herr Ibrahimi, ein 21-jähriger Mann, gebürtig aus einem der Balkanstaaten, von Beruf Sanitäter, war 2012 von seinem Einsatz im Sanitätsdienst der UNO-Blauhelmsoldaten in Afghanistan traumatisiert in sein Heimatland zurückgekehrt und dort erneut traumatisiert worden. Aufgrund seines immer schlechter werdenden physischen und psychischen Zustands wussten seine Mutter und sein Bruder keinen Rat mehr und beschlossen, mit ihm nach Deutschland zu kommen und Asyl zu beantragen, damit ihm geholfen werden könnte.

Auf Anraten einer psychologisch ausgebildeten Ehrenamtlichen, die sich um die Familie kümmerte, hatte sich Herr Ibrahimi bereits in einer Institutsambulanz für Psychosomatische Medizin und Psychotherapie vorgestellt und meldete sich dann im Psychosozialen Zentrum für Flüchtlinge an, woraufhin ich mit seiner Therapie betraut wurde.

Aus dem Kurzbericht der Klinik: »Schlafstörungen, Intrusionen und Flashbacks, Albträume, nächtliche Panikattacken, begleitet von Engegefühl in der Brust und Tachykardie, dissoziative Symptome in Form von sekundenlanger Orientierungslosigkeit und dem Gefühl ›neben sich zu stehen‹, depressive Grundstimmung, sexuelle Dysfunktion, Patient schläft ca. 1–2 Stunden pro Nacht, aufgehobener Tag-Nacht-Rhythmus, keine akute Suizidalität, keine weiteren somatischen Symptome.

Erstdiagnose nach ICD-10: Posttraumatische Belastungsstörung F 43.1, empfohlene Medikation: Mirtazapin 30 mg.«

Als Herr Ibrahimi zur ersten Sitzung kam, war mein erster Eindruck von ihm der eines freundlichen, höflichen und schüchternen jungen Mannes. In seinem Blick lag sehr viel Schmerz. Er brachte mir gleich viel Vertrauen entgegen, und der Beziehungsaufbau gelang leicht. Wir brauchten keine Sprach- und Kulturmittlerin, da wir zwei gemeinsame Fremdsprachen hatten, die wir beide gut beherrschten: englisch und italienisch. Nach den ersten Höflichkeiten, die wir austauschten, ob er den Weg gut gefunden habe, ob ich ihm etwas zu trinken anbieten dürfe und nachdem wir uns einander vorgestellt hatten, stellte ich ihm die Frage, was ich denn für ihn tun könne. Er meinte, dass es ihm seit der Ermordung seines besten Freundes durch die Taliban in Afghanistan sehr schlecht ginge und dass er hoffe, dass ich ihm helfen würde, dass er wieder lachen könne, so wie früher. Da Herr Ibrahimi einen weiten Anfahrtsweg hatte, verabredeten wir einen Zeitrahmen von 90 Minuten pro Sitzung.

Herrn Ibrahimi fiel es einerseits nicht leicht, über seine Erlebnisse zu sprechen, das merkte ich ihm deutlich an. Er sprach leise, zögerlich, machte lange Pausen und wendete den Blick oft zu Boden. Andererseits spürte ich aber auch, dass er darüber sprechen wollte, was in Afghanistan geschehen war und wie froh er war, nach mehr als drei Jahren einem Menschen von seinen traumatischen Erfahrungen erzählen zu können. Er berichtete, er sei als Sanitäter in Afghanistan gewesen, und dort habe sich Schreckliches ereignet: Sein bester Freund sei schwer verwundet durch die Taliban in seinen Armen gestorben. Er habe den Freund die letzten Minuten seines Lebens nur noch in den Armen halten können, da es für jede Hilfe zu spät gewesen sei, so schwer seien die Verletzungen gewesen. Er habe sich völlig hilflos und machtlos gefühlt, einfach mitansehen zu müssen, wie sein Freund an den Verletzungen verstarb. Die Bilder seines verwundeten Freundes und die der vielen Toten, die er gesehen habe, würden ihn seither nicht mehr loslassen. Er sei verändert von dem UNO-Blauhelm-Einsatz zurückgekehrt. Seiner Familie sei nach seiner Rückkehr die Veränderung natürlich auch aufgefallen. Er habe nicht mehr gelacht, habe sich zurückgezogen und an nichts mehr Freude. Kurz nach seiner Rückkehr sei auch noch ganz plötzlich und unerwartet sein Vater an Herzversagen verstorben, aber er habe nicht mal richtig Trauer empfinden können. Dann berichtete Herr Ibrahimi über ein weiteres traumatisches Erlebnis, das sich kurz nach dem Tod seines Vaters ereignet habe: Er sei mit seinem Bruder in einem Café gesessen, als zwei Männer mit Maschinengewehren hereingekommen seien und wild um sich geschossen hätten. Er habe mit seinem Bruder nach draußen fliehen können, aber die Männer hätten in diesem Café ein regelrechtes Blutbad angerichtet mit vielen Toten, und überall sei Blut gewesen. Es habe sich wahrscheinlich um eine sogenannte »Blutrache« gehandelt, einem Sühnemord. Noch immer bedeute der Mord an einem männlichen Familienmitglied in vielen Regionen des Balkans, dass die Familie des Ermordeten es dem Mörder und seiner Familie mit gleicher Münze heimzahlen müsse, um die Ehre der Familie wiederherzustellen. Nach dem Ereignis sei es ihm zunehmend schlechter gegangen, sodass seine Mutter und sein Bruder beschlossen hätten, dass sie die Heimat verlassen und Hilfe für ihn suchen mussten, zu der er in seiner Heimat keinen Zugang gehabt habe.

Um seiner Familie nicht nach dem Tod des Vaters noch mehr Sorgen zu bereiten, habe er niemandem von seinen Erlebnissen in Afghanistan erzählt, sondern alles mit sich allein ausgemacht, habe kaum noch das Haus verlassen und sich von seiner Freundin getrennt. Er könne kaum noch schlafen, kaum etwas essen und habe immer die schrecklichen Bilder vor Augen. Er meinte, es sei ihm eine große Erleichterung, mit einer außenstehenden Person darüber sprechen und sich alles von der Seele reden zu können. Gegenüber seiner Familie habe er geschwiegen aus Angst, eine zu große Belastung zu sein.

Herr Ibrahimi berichtete weiter, er könne seit seiner Rückkehr aus Afghanistan auch seinen Beruf als Sanitäter nicht mehr ausüben. Der Anblick nackter Körper und Verletzungen würden in ihm große Angst auslösen. Das wiederum erfüllte ihn mit großer Scham, dass ihm als ausgebildeten Krankenpfleger der Anblick nackter Körper und Blut nicht mehr möglich sei.

Alles, was er vor seiner Mutter nicht zeigen, erzählen und zulassen wollte, konnte er im geschützten Raum der Therapie in Worte fassen. Alle Erlebnisse, die bisher ausschließlich in seinem Kopf gewesen waren, konnte er endlich laut aussprechen und damit ausgesprochen Wirklichkeit werden lassen. Er sagte, es habe ihm geholfen, den inneren Bildern Worte zu geben, und dass es nun auch noch einen Menschen außer ihm gäbe, der von all dem wusste. Ich als seine Therapeutin wurde auf diese Weise zur Zeugin seiner traumatischen Erlebnisse.

Oft bekam ich Gänsehaut bei seinen Erzählungen und Schauer

liefen mir über den Rücken, denn die Kriegsszenen, die wir sonst nur aus Spielfilmen oder Romanen kennen, hatte dieser 21-jährige Mann in seinen jungen Jahren schon mit eigenen Augen gesehen und erlebt. Was für ein Wahnsinn!

Obwohl ihm das Thema sehr unangenehm war, sprach er auch von sich aus seine Erektionsprobleme an. Er erzählte, dass diese Beschwerden nach seiner Rückkehr aus Afghanistan begonnen und dann immer schlimmer geworden seien. Deshalb habe er sich auch von seiner Freundin getrennt, da er sich immer weniger als Mann und immer schuldiger ihr und seinem toten Freund gegenüber gefühlt habe. Immer wenn er und seine Freundin intim hätten werden wollen, seien ihm die Bilder seines sterbenden Freundes in den Kopf gekommen, sodass es für ihn zunehmend unmöglicher geworden sei, Intimität und Sexualität mit seiner Freundin zu leben, geschweige denn zu genießen. Große Schuldgefühle träten in solchen Momenten auf, dass er noch lebe, während sein Freund tot sei. Wie solle er dann Sexualität genießen können?

Die immer wiederkehrende Frage und die Zweifel, ob er als Sanitäter den verwundeten Freund nicht doch hätte retten können, beschäftigten Herrn Ibrahimi sehr. Da diese Frage ihm keine Ruhe ließ und starke Schuldgefühle in ihm hervorrief, thematisierten wir sie früh in der Therapie. Mein therapeutischer Ansatz war, ihn in seiner Kompetenz als Sanitäter anzusprechen. Ich erklärte Herrn Ibrahimi, dass ich gerne zur Klärung dieser Frage die Rollen mit ihm tauschen wolle und ihn als den fachlich kompetenten Sanitäter anfragen wolle, um ihn um eine sachliche Einschätzung zu bitten. Wir tauschten die Sitzplätze, und ich nahm die Rolle der Fragenden ein, beschrieb die Verletzungen und fragte, ob ich diese Person noch irgendwie hätte retten können. Losgelöst von der Person seines Freundes und in seiner »Rolle« als Sanitäter, also sozusagen aus Sicht eines »neutralen« Beobachters, auf die Verletzungen zu schauen, half Herrn Ibrahimi, die Situation sachlicher einschätzen zu können und sich bewusst zu machen, dass er keine Chance gehabt hatte, seinen schwer verwundeten Freund noch zu retten. Mit dieser Einsicht und Erkenntnis fiel das Schuldgefühl geradezu von ihm ab, und die Tränen begannen zu fließen. Zum ersten Mal seit seiner Rückkehr aus Afghanistan konnte er weinen um seinen toten Freund und um all die vielen anderen Toten, die er gesehen hatte. Mit den Tränen kam die Trauer und mit der Trauer kam die Verarbeitung der Traumata. Es wurde Herrn Ibrahimi ein Trost, dass sein bester Freund nicht allein hatte sterben müssen, sondern er an seiner Seite hatte sein können.

Nachdem wir die Schuldfrage, die ihn sehr gequält hatte, für ihn gut klären konnten, beruhigten sich die Albträume und Intrusionen. Mit den Albträumen verschwanden auch die nächtlichen Panikattacken. Wenn dennoch die Erinnerungen zwischendurch zu stark wurden, lernte er mithilfe der Tresor-Übung, einen guten Umgang damit zu finden.

Etwas länger hielten seine massiven Schlafstörungen an. Als Sanitäter wusste er alles über die Regeln der Schlafhygiene und was er für einen besseren Schlaf tun konnte. Dies reichte allerdings nicht aus, dass seine Schlafprobleme sich verbesserten. Neben Atemübungen waren ihm vor allem die Bodyscan-Übung und die Imagination des »Wohlfühlortes/Geborgenen Ortes« (s. Kapitel »Übungen«, S. 160) hilfreich, um in die Entspannung und darüber in den Schlaf zu finden.

Zur Imagination des »Geborgenen Ortes« machte ich mit Herrn Ibrahimi eine interessante und für mich neue Erfahrung: Als Therapeutinnen haben wir erst einmal im Sinn, dass der »Wohlfühlort« bzw. »Geborgene Ort« ein individuell großer oder kleiner, aber auf jeden Fall begrenzter, geschützter Ort sein sollte. Normalerweise vermittelt gerade die Begrenzung des Ortes, die Überschaubarkeit und Kontrollierbarkeit gewährleisten soll, das Gefühl von Halt, Geborgenheit und Sicherheit, auf die es uns bei der Imagination ankommt. Herr Ibrahimi hielt jedoch seine Idee von einem Wohlfühlort dagegen: Er fühlte sich am geborgensten und sichersten im Meer, ganz unten im tiefen, grenzenlosen Blau. Diese Erfahrung hatte er bei seinen zahlreichen Tauchgängen im Mittelmeer gemacht. Er wollte keine Grenzen um diesen Ort ziehen, im Gegenteil, es war genau die Weite, die ihm ein Gefühl von Geborgenheit und Sicherheit gab. Er fühlte sich dort so sicher, dass er auch keine Helferwesen brauchte und wollte.

Die dissoziative Symptomatik, die Herr Ibrahimi als ein »neben sich stehen« beschrieb, hatte sich z. B. darin geäußert, dass er in die Küche gehen wollte, dann aber auf dem Weg dorthin nicht mehr wusste, wohin er eigentlich gehen und was er tun wollte. Diese Symptomatik trat nicht mehr auf, nachdem er in der Therapie den Raum bekommen hatte, frei von seinen traumatischen Erfahrungen erzählen zu können. Er fühle sich jetzt »erleichtert«, sagte Herr Ibrahimi, sein Kopf sei nun wieder »frei und leicht«.

Noch während unserer Kurzzeittherapie beschloss Herr Ibrahimi, sich auf eine Praktikantenstelle als Altenpfleger in einem Seniorenheim zu bewerben. Er meinte, er wolle nicht untätig sein und der Gesellschaft, die ihn so freundlich aufgenommen habe, etwas »zurückgeben«. Außerdem habe er seinen Beruf immer geliebt und wolle wieder mit kranken Menschen arbeiten, was ihn immer sehr erfüllt habe. Er erhielt eine Zusage, was ihn einerseits sehr freute, andererseits auch in Sorge versetzte, denn zuletzt hatte ihm der Anblick nackter Körper und Wunden ja große Probleme bereitet. Trotzdem nahm er das Praktikum an und stellte sich vor Beginn seiner Angst: Durch die intensivere Beschäftigung mit der Angstthematik in der Therapie wurde Herrn Ibrahimi bewusst, dass es nicht die nackten Körper an sich waren, die ihm Angst einflößten, sondern es war vielmehr die Angst, dass sich durch deren Anblick die Kriegsbilder wieder so stark aufdrängen könnten, dass er sich nach Afghanistan zurückversetzt fühlen würde. Er schämte sich sehr dafür. Herr Ibrahimi hatte Angst vor Flashbacks und zeigte das typische Vermeidungsverhalten. Ich erklärte ihm, dass dieses zu den Leitsymptomen einer Posttraumatischen Belastungsstörung zählt und aus einer Schutzreaktion heraus entsteht. Seine Ängste seien für mich durchaus nachvollziehbar und er brauche sich deswegen nicht zu schämen. Auf meine Nachfrage, ob er sich denn wirklich stabil genug fühle, sich der Thematik jetzt schon auszusetzen, folgte ein kräftiges und eindeutiges »Ja!« Er habe seinen Beruf immer sehr geliebt und wolle gerne wieder mit kranken Menschen arbeiten. Er sähe dieses Praktikum jetzt als eine große Chance für ihn, die er unbedingt wahrnehmen wolle, und er möchte sich der Angst jetzt stellen.

Wir überlegten also gemeinsam, was er tun könne, um zum einen zu verhindern, dass sich die Bilder ihm aufdrängten, und zum anderen, was er tun könne, sollte dies trotzdem einmal der Fall sein. Die Lösung, die er selbst fand, war, die erste Zeit einen der Altenpfleger zu begleiten und ihm beim Waschen der pflegebedürftigen Seniorinnen zu assistieren. So könne er erst einmal beobachten, wie es ihm jetzt beim Anblick nackter Körper gehen würde, nachdem wir in der Therapie schon über so vieles gesprochen hatten. Erst wenn er sicher genug sei, dass in ihm keine Bilder mehr aus Afghanistan entstehen würden, wolle er sich zutrauen, das Waschen der Pflegebedürftigen auch allein auszuführen. Ich empfahl ihm noch, immer ein sehr scharfes Pfefferminzbonbon in der Tasche zu haben und eines in den Mund zu stecken, sobald er merke, dass sich ihm die Bilder aus Afghanistan aufdrängen könnten. Zusätzlich solle er immer im Gespräch mit dem Kollegen und dem zu pflegenden Menschen bleiben. Er könne z. B. zwischendurch Fragen nach den deutschen Vokabeln für die jeweilige Tätigkeit oder verwendeten Hilfsmittel stellen, auf die er sich dann konzentrieren könne. Außerdem solle er sich immer wieder während der Arbeit Datum und Ort bewusst machen. So ging Herr Ibrahimi in sein Praktikum, und er merkte schnell, dass er keine Angst mehr haben musste, die Bilder kamen nicht zurück. Nachdem dies gut gelang, traute er sich langsam auch wieder zu, Menschen mit Wunden zu waschen und zu versorgen. Er begann zunächst mit der Versorgung kleinerer Wunden, bis er sich auch wieder zutraute, größere Wunden zu versorgen.

Mit seiner Arbeit und seiner freundlichen und zugewandten Art, auf die Pflegebedürftigen zuzugehen, war man sehr zufrieden und bot ihm im Anschluss an das Praktikum einen Ausbildungsplatz zum Altenpfleger an.

Zum zweiten Folgetermin nach sechs Monaten kam Herr Ibrahimi sichtlich verändert: Er lachte über das ganz Gesicht, seine Augen glänzten, und er strahlte pure Lebensfreude aus. Er fühlte sich in seinem Ausbildungsplatz sehr wohl, hatte sich ein soziales Umfeld mit Gleichaltrigen aufgebaut und hatte seit Kurzem eine Beziehung mit einer jungen Frau, in die er sehr verliebt war. Daraufhin konnte er freudestrahlend berichten, dass sich auch seine Erektionsprobleme gelöst hatten.

Herr Ibrahimi bekam im Gerichtsverfahren eine Ausbildungsduldung bis zum Ende seiner dreijährigen Ausbildung als Altenpfleger zugesprochen.

Kommentar zur Überlebensschuld

Überlebensschuld kann immer wieder Thema sein in der Therapie mit Geflüchteten. Junge Männer, die Eltern und Geschwister in Syrien im Kriegsgebiet zurücklassen mussten. Familien, die auseinandergerissen wurden und um deren Verbleib niemand weiß. Eltern, die ihre Kinder auf der Flucht verloren haben. Frauen und Männer, deren Familien von den Taliban ausgelöscht wurden. Und nicht zu vergessen die vielen Menschen, deren Lieben die gefährliche Überfahrt über das Mittelmeer nicht überlebt haben. Begleitend können Depressionen, Apathie, innere Unruhe, Angstzustände, Schlafstörungen und psychosomatische Symptome auftreten.

Überlebensschuld ist oft mit Schamgefühlen verbunden. Der gewaltsame Tod von Angehörigen, eigenes Überleben, ohne dass die Betroffenen ihren Angehörigen oder anderen Menschen hätten helfen können, können neben Scham tiefe Gefühle von Demütigung, Erniedrigung und Unsicherheit auslösen. Diese Scham- und Überlebensschuldgefühle zu kompensieren, stellt eine vielfache emotionale Herausforderung dar. Es kommt zu Verdrängung dieser Gefühle, die sich im Sinne verschiedener meist unbewusster Umkehrungen äußern können, wie z.B. die Weitergabe an die nächsten Generationen, besondere Leistungs- und Hilfsbereitschaft, Verzweiflung und Depression, Ängste etc. Für diese Schuldgefühle und die damit zusammenhängenden möglichen Affekte von Trauer, Wut, Hass und Rache, Angst und Ohnmacht ist es manchmal lebenslang unmöglich, Worte zu finden. Hier kann der Therapeut z.B. in psychoedukativer Weise über die Bekanntheit der Problematik der Überlebensschuld und über die negative Kraft dieser Emotion aufklären. Wir können ggf. auf die Rückzugsmöglichkeit an einen inneren Ort der Sicherheit verweisen, wenn diese Emotionen zu stark werden. Wir können unsere eigenen Gefühle zur Verfügung stellen, das Leid anerkennen und tröstende Worte finden. Wir können helfen, indem wir dem quälenden Gefühl mancher Geflüchteten, nämlich das Leben nicht mehr zu verdienen, bewusst etwas entgegensetzen und sie zum Überleben ermutigen, zum bewussten Erleben schöner Momente und zur Selbstfürsoge erteilen. Vielen Betroffenen hilft auch die Vorstellung, die verlorenen Personen könnten sie in ihrem heutigen Leben sehen. Würden diese sie zu mehr Trauer und Rückzug mahnen? Meist ermutigen die imaginierten Angehörigen die Betroffenen im Gegenteil eher, wieder aktiver am Leben teilzunehmen und ein wertekonformes Leben zu führen.

Dies kann auch bei Patienten wichtig sein, deren Angehörigen sich noch in realen Gefahrensituationen befinden (z.B. in Kriegsgebieten) oder die verschollen sind, denn es kann der Eindruck entstehen, dass es diesen Patientinnen nicht besser gehen »darf«, weil bei der kleinsten Stimmungsaufhellung gleichzeitig die Sorge ausgelöst wird, wie es den Angehörigen gerade jetzt gehen mag, wodurch erneut Schuldgefühle ausgelöst werden.

Wir können helfen, wenn wir sie geduldig begleiten, bis sie unsere »Erlaubnis«, d.h. unsere substituierende Fürsorge, annehmen können, die sich bestenfalls in Selbstfürsorge wandelt.

Im Falle von Patienten, deren Familienangehörige verschollen sind, können wir dazu ermutigen und darin unterstützen, konkrete Schritte einzuleiten und sich z.B. an den Suchdienst des Roten Kreuzes zu wenden.

Fall 2: Frau Hasani – Ein Therapieverlauf mit nur langsamen Veränderungen

Simone D. Kaster

Was Sie erfahren Dieser Fall soll Therapeuten Mut machen, bei einem Therapieverlauf nicht die Geduld und Hoffnung zu verlieren, auch wenn sich zunächst keine relevanten Veränderungen einstellen. Zwar sind viele unserer Klientinnen traumatisiert, bringen jedoch oft andere Probleme, die für sie aktuell im Vordergrund stehen, mit in die Therapie und lehnen Gespräche über ihre Traumata ab. Doch zeigt dieser Fall, dass die therapeutische Beziehung schon Heilsames bewirken kann, sodass sich auch durch Gespräche über aktuelle Stressoren Veränderungen einstellen können.

Verdeutlicht wird dies am Beispiel des Therapieprozesses einer 29-jährigen Frau, die als Kind während eines Bürgerkrieges eine Vergewaltigung erleiden musste und noch 17 Jahre nach ihrer Traumatisierung an den Folgen litt. Die Klientin, die bis zum Therapiebeginn nicht über die traumatischen Ereignisse gesprochen hatte, berichtete ein einziges Mal von dem Erlebten, lehnte dann aber weitere Gespräche über das Trauma und dessen Bearbeitung ab. Trotzdem lässt sich rückblickend sagen, dass sich auch bei ihr im Therapieprozess positive Veränderungen eingestellt haben.

Frau Hasani wurde mir von einer Kollegin aus dem Team der Sozialarbeiterinnen des Psychosozialen Zentrums für Flüchtlinge ans Herz gelegt. Die Frau sei in einer schlechten Verfassung, brauche dringend eine Stellungnahme für ihr Gerichtsverfahren und eine Psychotherapie. Was der jungen Frau genau widerfahren sei, hatte meine Kollegin nicht in Erfahrung bringen können, sie mutmaßte aber, es müsse eine Vergewaltigung gewesen sein, die schon länger zurückliegen musste.

Zum ersten Termin kam Frau Hasani in Begleitung ihres Ehemannes und ihrer 2-jährigen Tochter. Ihr Anblick jagte mir einen Schrecken ein, denn die junge Frau war in einer extrem schlechten Verfassung: Sie war stark untergewichtig, die Wangenknochen stachen aus ihrem Gesicht heraus, und sie blickte mich teilnahmslos aus tief in den Augenhöhlen liegenden Augen an. Ihr Händedruck war völlig kraftlos, ihr Gang gebeugt, schleppend und verlangsamt.

Ich hieß sie willkommen und stellte mich und unsere Sprach- und Kulturmittlerin vor. Die erste Viertelstunde sprach Frau Hasani kein Wort, und auf meine Einstiegsfragen, ob sie gut hergefunden habe etc., antwortete sie nur mit Kopfnicken oder Kopfschütteln und knetete dabei ununterbrochen ihre Hände. Frau Hasani machte es mir nicht leicht, einen Weg zu finden, mit ihr in Kontakt zu kommen. Ich begann damit, dass ihre Tochter sie zum Termin begleitet habe, und fragte, wie ihre Tochter heiße und wie alt sie sei. Angesprochen auf ihre Tochter, kamen Frau Hasani die ersten Worte über die Lippen, und ein zaghaftes Lächeln huschte über ihr Gesicht. Weiter fragte ich, ob sie heute mit ihrer Familie einen weiten Anfahrtsweg gehabt habe, wo sie wohnen würden und ob sie mir etwas über ihre aktuelle Wohnsituation erzählen möge. Frau Hasani fing sehr leise an zu berichten von ihrer Gemeinschaftsunterkunft, wie laut es dort sei und dass sie nicht schlafen könne. Auch von ihren Albträumen und ihrer Appetitlosigkeit erzählte sie mir dann mit ganz leiser Stimme. So kamen wir langsam ins Gespräch. Ich merkte, wie schwer es ihr fiel, von sich zu erzählen, und spürte selbst eine ungeheure Schwere in meiner Brust. Um am Ende der ersten Sitzung etwas von der Schwere zu nehmen, brachte ich das Thema in den letzten 10 Minuten wieder zurück auf ihre Tochter, da ihr anzumerken gewesen war, dass sie gerne über die Kleine sprach.

Zu unserem zweiten Termin brachte unsere Sprach- und Kulturmittlerin landestypische süße selbstgebackene Brötchen mit. Sie war bei unserem ersten Termin so erschrocken gewesen über das Untergewicht Frau Hasanis, dass sie das Bedürfnis verspürt hatte, Frau Hasani etwas zu essen mitzubringen, etwas aus der Heimat, verbunden mit der Hoffnung, dass sie das gerne essen würde. Das zweite Gespräch begann ich mit der Frage nach ihrem heutigen gesundheitlichen Befinden, wie sie geschlafen und ob sie etwas gegessen habe. Sie antwortete nur mit einem Schulterzucken. Ich erklärte ihr, dass ich mir große Sorgen um sie machen würde, da sie für ihre Körpergröße viel zu wenig Gewicht habe. Auf meine Frage, wann sie das letzte Mal bei einem Arzt gewesen sei, zuckte sie wieder nur mit den Schultern. Sie habe große Angst vor Ärzten, sagte sie dann, vor den weißen »Uniformen« und ginge deshalb nie zum Arzt. Ich bat sie eindringlich, sich einem Arzt vorzustellen, und betonte nochmals, dass ich mir wirklich große Sorgen um sie machen würde. Ich appellierte auch an ihr Verantwortungsbewusstsein ihrer Tochter und ihrem Ehemann gegenüber. Schließlich willigte Frau Hasani ein und gab mir ihr Wort, sich bis zu unserem nächsten Termin in einer Woche einem Arzt vorzustellen. Nachdem Frau Hasani einem Arztbesuch zugestimmt hatte, biss jede von uns in eins der süßen Brötchen, die Dolmetscherin und ich wahrscheinlich aus Erleichterung, Frau Hasani mehr aus Höflichkeit als aus Appetit.

Unter anderen Umständen hätte ich mit Frau Hasani eine lange Phase der Stabilisierung eingeplant und zunächst den Fokus auf den Aufbau einer guten therapeutischen Beziehung gelegt. Nun sah ich mich aber vor das Problem gestellt, dass Frau Hasani schnellstmöglich eine psychotherapeutische Stellungnahme für ihr Gerichtsverfahren brauchte, ohne die ihre Chancen auf einen positiven Ausgang ihres Asylverfahrens sehr gering waren. Die mir verbleibende Zeit war sehr knapp, ihr Rechtsanwalt hatte das Nachreichen meiner Stellungnahme angekündigt und das Gericht um Aufschub gebeten. Ich würde jedoch mindestens fünf Termine mit Frau Hasani für das Erstellen einer Stellungnahme brauchen. Das bedeutete, dass ich mit der Exploration des Traumas sehr bald würde beginnen müssen. Wie sollte ich das meiner Klientin erklären? Wie viel an Fragen bezüglich ihres Traumas könnte sie aushalten? Wir hatten uns erst einmal gesehen und nun sollte sie mir das Schlimmste, das sie je erlebt hatte, erzählen, ohne Zeit gehabt zu haben, zunächst einmal Vertrauen in mich aufbauen zu können? Ich sagte Frau Hasani, dass ich sehen könne, dass es ihr gar nicht gut ginge und dass ich mir für sie wünschen würde, dass sie hier in Deutschland zur Ruhe kommen könne. Gerne würde ich das mir Mögliche tun, um ihr zu helfen, damit es ihr besser ginge, dass wir uns regelmäßig zu Gesprächen treffen könnten. Ob sie das auch wolle? Frau Hasani bejahte. Dafür, so erklärte ich ihr, müssten wir jetzt erst einmal versuchen zu erreichen, dass sie in Deutschland bleiben dürfe. Dabei könne ich sie insofern unterstützen, dass ich für ihr Gerichtsverfahren eine Stellungnahme schreiben könne, und ob sie das wolle und damit einverstanden sei. Sie bejahte wieder, woraufhin ich ihr erklärte, dass sie mir dann erzählen müsse, was ihr Schlimmes widerfahren sei, und ich ihr vielleicht Fragen stellen müsse, die ich ihr sonst nicht so einfach stellen würde, ob das für sie auch in Ordnung sei? Auch das bejahte sie. Sie wolle versuchen, mir alles zu erzählen, da sie merke, dass ich ihr wirklich helfen wolle. Aber sie habe noch nie über das gesprochen, was damals passiert sei. Ich versicherte ihr, dass ich mir gut vorstellen könne, wie schwer das für sie sein müsse, dass sie jederzeit sagen könne, wenn es ihr zu viel würde, und dass ich gut darauf achten würde, dass es für sie auszuhalten sei. Ich war sehr froh und erleichtert darüber, dass es mir doch innerhalb sehr kurzer Zeit gelungen war, so gut mit der Klientin in Kontakt zu kommen, dass sie spüren konnte, dass ich ihr gerne helfen wollte.

So berichtete Frau Hasani in den nächsten drei Sitzungen von ihrer Vergewaltigung als 12-Jährige und wie das Leben danach immer mehr zur Qual für sie wurde. Sie habe es in ihrem Heimatland die letzten Jahre nie längere Zeit an einem Ort ausgehalten, sodass die Familie in immer kürzer werdenden Abständen habe umziehen müssen. Ihrem Mann habe sie nie erzählt, was damals passiert sei, aber vielleicht ahne er etwas. Überhaupt habe sie nie mit jemandem darüber gesprochen, auch mit ihrer Mutter nicht, die damals dabei gewesen sei. Sie wisse auch nicht, ob ihrer Mutter das Gleiche widerfahren sei. Viele Frauen seien damals von ihren Familien verstoßen worden, daher sei es ein Tabu gewesen, ein Wort über das Vorgefallene zu verlieren. Sie habe monatelang ihre Verletzungen unter Winterkleidung versteckt, obwohl Sommer gewesen sei. Der Familie habe man erzählt, sie sei im Keller gestürzt, um die Verletzungen und blauen Flecken am ganzen Körper zu erklären. Damals habe sie auch den Appetit verloren, sie könne einfach nichts mehr essen, das Schlucken sei eine Qual für sie. Sie wisse, dass es ein großes Wunder sei, dass ihre Tochter gesund zur Welt gekommen sei, denn sie habe vor der Schwangerschaft nur 32 kg bei einer Größe von 1,55 m gewogen. Ihr Mann sei es gewesen, der den Entschluss gefasst habe, mit der Familie nach Deutschland zu kommen, damit sie hier Hilfe bekäme, weil es ihr in den letzten Jahren zunehmend schlechter gegangen sei.

Frau Hasani fiel es sehr schwer, über ihre traumatischen Erfahrungen zu berichten. Wir machten viele Pausen, in denen ich sie immer freundlich fragte, ob sie nicht einen Schluck Wasser trinken möge und ob es für sie noch auszuhalten sei. Erst wenn sie bestätigte, dass sie wieder weitererzählen könne, machten wir weiter. Um sie nicht überschwemmt von all den Erinnerungen nach Hause zu schicken, war das letzte Drittel des Termins immer dafür vorgesehen, sie zu stabilisieren. Da sie sich jeglichen Stabilisierungs-, Imaginations- und ressourcenaktivierenden Übungen verweigerte, erfolgte die Stabilisierung und Verortung im Hier und Jetzt über Fragen nach ihrem Alltag, vorwiegend über den Bezug zu ihrer Tochter, an der ihr Herz sehr hing.

Nachdem sie ihr Trauma nach über 17 Jahren einmal berichtet und ausgesprochen hatte, meinte sie, es sei zwar sehr schwer gewesen, aber irgendwie habe es auch gutgetan, uns, der Dolmetscherin und mir, davon zu erzählen. Es wäre gut, dass wir nun beide wüssten, was ihr widerfahren sei, und dass sie nun hier einen Ort habe, an dem sie frei sprechen könne, weil sie sich vor uns nicht zu verstecken brauche so wie vor allen anderen Menschen. Frau Hasani erklärte mir aber auch ganz deutlich, dass es zwar gut gewesen sei, mir dies alles zu erzählen, aber damit solle es jetzt auch genug sein. Sie wolle ab jetzt nicht mehr über den Vorfall sprechen. Aber sie würde gerne regelmäßig zu Gesprächen kommen, da sie spüre, dass sie mit mir alles besprechen könne, was ihr Sorgen bereite, sie habe ja sonst niemanden, mit dem sie darüber sprechen könne. Das wurde für mich als Therapeutin zu einer Herausforderung: Ich saß einer Frau gegenüber, von der ich wusste, dass sie traumatisiert war und in vielen Lebensbereichen litt, die aber jede weitere Be- und Verarbeitung ihres Traumas verweigerte. Frau Hasani traute sich nicht allein auf die Straße, sie konnte nicht schlafen und litt an Albträumen. Sie kam nie zur Ruhe, putzte von morgens bis abends ihr Zimmer in der Unterkunft und später die Wohnung, um nicht denken zu müssen, denn in der Ruhe überschwemmten sie die Erinnerungen. Sie hatte an nichts Freude, aß so gut wie nichts und wollte sich auf gar keinen Fall von ihrer Tochter trennen. Die maximale Trennung, die ihr möglich war, waren unsere Therapiesitzungen. Das Kind schrie und weinte immer, wenn es sich von der Mutter trennen sollte, um mit dem Vater spazieren zu gehen. Ich sah, wie Frau Hasani dann das

Herz blutete, aber ihr waren die Gespräche so wichtig, dass sie die Tränen ihrer Tochter in Kauf nahm. Es war jedoch nicht möglich, andere Themen mit Frau Hasani anzusprechen als die, die sie jede Woche aus ihrem Alltag mitbrachte. Sie verweigerte weiterhin jegliche Stabilisierungsübung und Imagination. In welche »Trickkiste« ich auch immer griff und wie oft ich auch über die positiven Erfahrungen und Wirkungen dieser Übungen erzählte, ich stieß auf Ablehnung. Bei allen Themen, die sie in die Therapiesitzungen mitbrachte, handelte es sich ausschließlich um Alltagsprobleme, und ich hatte immer das Gefühl, es ging Frau Hasani gar nicht darum, Lösungen für sich zu finden, sondern es tat ihr einfach gut, einen Ort und einen Menschen zu haben, dem sie vertraute und mit dem sie über all das sprechen konnte, was sie bewegte. Oft nahm ich selbst Fallsupervision, weil ich dachte, das könne doch so nicht genügen. So würde ich mit ihr doch nichts in Veränderung bringen können!? Die Klientin war doch traumatisiert, litt seit vielen Jahren an den Folgen und sie sprach mit mir immer nur über Alltagsdinge!? Musste ich sie nicht mehr darin ermutigen, sich ihres Traumas anzunehmen und es zu bearbeiten? Konnte ich mich als Therapeutin wirklich jede Woche mit ihr hinsetzen und ausschließlich Alltagsthemen besprechen?

Frau Hasanis massives Untergewicht bereitete mir weiterhin Sorgen. Sie nahm an Gewicht nicht zu, aber glücklicherweise auch nicht weiter ab, es pendelte sich bei 38 kg ein. Wir sprachen mehrmals über die Wichtigkeit von Nahrungsaufnahme und ausreichender Flüssigkeitszufuhr für ihren Körper, was Frau Hasani durchaus bewusst war. Wir erstellten eine Liste mit allen Speisen, die sie einmal gemocht hatte und von denen sie meinte, sie heute zumindest ohne Ekel essen zu können. Frau Hasani ernährte sich vorwiegend von trockenem Toast, Schwarztee und Wasser. Wir sprachen darüber, dass ihr Magen zwar keine großen Mengen aufnehmen könne, dass sie aber versuchen solle, fünf kleine Mahlzeiten bzw. Zwischensnacks über den Tag verteilt zu sich zu nehmen. An Einsicht mangelte es Frau Hasani nicht, jedoch kam sie jedes Mal zur nächsten Therapiesitzung und erklärte, sie könne einfach nicht essen, also habe sie erst gar nicht versucht, unseren Plan einzuhalten. Wir vereinbarten, in regelmäßigen Abständen gemeinsam ihr Gewicht zu kontrollieren, wenn sie zur Therapie kam, um sicherzugehen, dass sie ihr Körpergewicht wenigstens halten würde.

Unterdessen erhielt Frau Hasani nach neun Monaten Wartezeit ihren positiven Asylbescheid. Nach weiteren sechs Monaten brachte sie zum ersten Mal ein Thema mit in die Therapie, das nicht aus ihrem Alltag herrührte: Sie berichtete über ihre Flucht nach Deutschland, die langen und gefährlichen Fußwege im Winter bei Nacht über die verschiedenen Grenzen und wie sie in Ungarn inhaftiert worden seien. Die Erinnerungen kamen, weil der zweite Jahrestag ihrer Flucht näher rückte. Aber auch über ihre Flucht wollte sie nur ein einziges Mal berichten, lehnte jede Stabilisierungsübung ab und sprach das Thema nie wieder an.

Zwei Monate später erklärte sie mir, woher ihre Angst käme, auf die Straße zu gehen: Sie erzählte von den schlimmen Bildern, die sie während des Krieges gesehen habe, und von der Angst, wenn ein Familienmitglied das Haus habe verlassen müssen, um etwas zu essen zu besorgen. Jeder habe dann befürchtet, der-/diejenige würde nicht mehr lebend nach Hause kommen, sondern er/sie würde tot nach Hause getragen werden. Niemand habe über seine Angst gesprochen, jeder habe das mit sich allein ausgemacht. Daher verbinde sie mit der Straße Gefahr, obwohl sie wisse, dass sie in Deutschland sei. Dies war die einzige Sitzung, in der Frau Hasani bereitwillig einen Duft mitnahm, den ich ihr anbot und ihr riet, den Duft immer beim Verlassen des Hauses aufzutragen, um sich zu erinnern und bewusst zu machen, dass sie sich in Deutschland und in Sicherheit befinde, sie erwachsen und der Krieg lange vorbei sei.

Obwohl wir uns sonst »nur« Alltagsthemen zuwandten, konnte ich erkennen, dass im Verlauf der nun schon etwa 18 Monate dauernden Therapie doch auch innere Prozesse angestoßen und Veränderungen möglich wurden: Hatte Frau Hasani zu Beginn der Therapie noch vehement abgelehnt, ihre Tochter in einen Kindergarten zu schicken, da sie dort die Kleine nicht immer im Blick haben könne, um zu verhindern, dass ihr etwas zustoße, so war sie nach einem Jahr bereit, ihre Tochter in den Kindergarten gehen zu lassen. Das versetzte sie zwar die ersten Monate in große Unruhe, aber es gelang ihr nach und nach, mit der Situation besser umzugehen und ruhiger zu werden. Da ihr Mann einen Sprachkurs besuchte, musste Frau Hasani ihre Tochter mittags im Kindergarten abholen, was bedeutete, dass sie sich allein auf die Straße wagen musste. Zu Anfang bereitete ihr das große Probleme, sie war den ganzen Vormittag über sehr nervös und ängstlich und nahm immer den kürzesten und schnellsten Weg zum Kindergarten und wieder zurück nach Hause. Es half ihr, den Duft aufzutragen, den ich ihr mitgegeben hatte, um in der ersten Zeit die kurze Wegstrecke bewältigen zu können. Allmählich wurde ihr der Weg immer leichter. Einige Zeit später war sie sogar dazu bereit, nachmittags mit ihrer Tochter auf den Spielplatz in der Nähe ihrer Wohnung zu gehen. Sie begann Freundschaften mit andern Müttern zu schließen und baute ihr Misstrauen den Menschen gegenüber ein wenig ab. Etwa zum gleichen Zeitpunkt kam Frau Hasani mit der Nachricht in die Therapiesitzung, dass sie wieder schwanger sei und eine zweite Tochter erwarte. Natürlich hatte sie Angst, ihr Körper könne zu schwach für eine Schwangerschaft sein und dass sie das Kind verlieren oder es nicht gesund zur Welt kommen könne. Ihre Angst war größer als die Freude über die Schwangerschaft. In diesen Monaten drehten sich unsere Gespräche um ihre Ängste und Sorgen. Je weiter die Schwangerschaft vorrückte, umso mehr kamen auch ganz praktische Fragen auf, z.B. wie man in Deutschland eine Hebamme finden könne. Auch hier war der Therapieraum der einzige Ort, an dem sie über ihre Ängste und Fragen sprechen konnte. Sie meinte, ihr Ehemann freue sich so sehr auf das Baby, dass sie mit ihm nicht über ihre Sorgen sprechen wolle. Der menschliche Körper ist ein wahres Wunderwerk, und Frau Hasani brachte ein gesundes Mädchen zur Welt. Sechs Wochen nach der Geburt brachte sie stolz ihre kleine Tochter mit in die Therapie und strahlte.

Da Frau Hasani nach zwei Jahren Therapie auf einem guten Weg war, ließen wir allmählich immer größer werdende Abstände zwischen unseren Sitzungen, bis wir uns beide mit einem guten Gefühl voneinander verabschieden konnten. Wahrscheinlich wird Frau

Hasani immer mit Essproblemen zu kämpfen haben. Sicher hätte ich mir als Therapeutin gewünscht, mit einem anderen Therapieverlauf mehr Veränderungen bewirken zu können, aber ich hatte Frau Hasanis Wunsch zu respektieren, ihr Trauma nicht mehr thematisieren zu wollen. Trotzdem waren im Verlauf der Therapie Veränderungen möglich geworden, und Frau Hasani nahm wieder am Leben teil in dem Umfang, wie es für sie stimmig und möglich war.

Fall 3: Herr Ahmed

Christian Gerlach

Ein Herr mittleren Alters aus Äthiopien, der zu mir in die ambulante Praxis kam, hinterließ einen bleibenden Eindruck. Auf den ersten Blick wirkte Herr Ahmed vor allem erschöpft. Er kam stets nach der Arbeit in den frühen Abendstunden in die Praxis. Ermüdet von einem langen Tag in einem kleinen Handwerksbetrieb (sein Tag begann in der Regel um fünf Uhr morgens und er kam gegen halb sieben am Abend zu mir in die Praxis), erschien er im Blaumann und hatte stets viel zu erzählen. Da er schon viele Jahre in Deutschland lebte, konnte er sich differenziert ausdrücken, wenngleich er langsam sprach und gerne in langen Parabeln mit vielen Nebengeschichten seine aktuellen Erlebnisse darlegte. Mehr als einmal musste ich meine Ungeduld zügeln, um mich auf die Reise einzulassen. Herr Ahmed hatte spät geheiratet und war daher trotz seines fortgeschrittenen Alters Vater von zwei kleinen Kindern. Aufgrund seiner Fluchtgeschichte hatte er keinen Schulabschluss und keine abgeschlossene Ausbildung vorzuweisen, weswegen er trotz seiner intellektuellen und gebildeten Art bei der Arbeit den Status eines Hilfsarbeiters hatte. Dass seine Haut schwarz und sein Glaube muslimisch geprägt war, machte ihm den Umgang mit seinem Chef, der bei der Arbeit gerne Wahlkampfsprüche der AfD zitierte, nicht eben einfacher. Es war aber auch wirklich leicht, bei Herrn Ahmed den eigenen Vorurteilen zu erliegen: Ein schwarzer Moslem mit deutlichem Akzent und einer verschleierten, deutlich jüngeren Ehefrau, die zu Hause die Kinder hütete.

Versuchte man, mit ihm zügig und direkt zu sprechen, stolperte man über seine verwinkelte Art zu denken und zu reden. Wiederholt schütteten seine Kollegen ihre Vorurteile über ihm aus und sagten ihm, wie schlimm sie es fänden, dass Muslime ihre Frauen unter Schleier zwängten und Tiere auf barbarische Art schächteten. Dass Herr Ahmed mehrere Jahre als Vegetarier gelebt und seine Frau aus Angst vor islamophoben Übergriffen mehrfach ermutigt hatte, ihren Schleier abzulegen, versuchte er seinen Kollegen gegenüber gar nicht erst darzulegen. Für ihn war seine Arbeit wichtig, weil er seine Familie zu versorgen hatte. Daher behielt er seine Gedanken für sich und vermied die offene Diskussion. Nur bereitete es ihm aufgrund massiver Traumata in seiner Jugend erhebliche Schwierigkeiten, wenn sein Chef ihm gegenüber laut wurde und sich autoritär zeigte. Sein Vorgesetzter schien diese Rolle durchaus zu genießen und übte beispielsweise in der Werkshalle neben Herrn Ahmed mit dem Luftgewehr Zielschießen, um vorbereitet zu sein, »wenn die alle kommen«. Aus therapeutischer Sicht empfand ich es als Wahnwitz, in dieser Arbeitssituation zu verbleiben, aber Herr Ahmed zog es der in seinen Augen sicheren Arbeitslosigkeit vor. Daher suchten wir in der Therapie viel nach Ressourcen und Kraftgebern, die Herr Ahmed aktivieren könnte, wenn sein Vorgesetzter mal wieder seine autoritären fünf Minuten hatte.

Auf meine Frage, was er in einer solchen Situation am dringendsten bräuchte, sagte Herr Ahmed: »Mut!« Wir suchten gemeinsam nach einem Bild, welches das Konzept Mut möglichst umfassend und greifbar aktivieren könnte. Und wir wurden in der Biografie des ungemein lebenserfahrenen Mannes fündig. In seiner Kindheit hatte Herr Ahmed einmal zusammen mit seiner kleinen Schwester auf die Kühe der Familie aufgepasst. Auf dem Heimweg waren plötzlich Hyänen aufgetaucht und die Kühe panisch in Richtung des Wohnhauses davongerannt. Seine kleine Schwester konnte nicht so schnell laufen, und die beiden Kinder blieben allein zwischen den Hyänen zurück. Die Raubtiere begannen, die beiden einzukreisen, als plötzlich eine der Kühe zurückkehrte. Sie stellte sich schützend vor die Kinder und wurde schon bald von einer zweiten und einer dritten

Kuh unterstützt. Der Mut und die Entschlossenheit der Kühe vertrieben die Hyänen, und niemand kam zu Schaden. Dieses Bild der mutigen und entschlossenen Kuh verankerten wir mit einer kleinen Imagination und erprobten es in der Folgesitzung in einem kleinen autoritären Rollenspiel.

Je mehr Kraftgeber zur Sprache kamen, umso deutlicher zeigten sich die Reichtümer der Kindheit von Herrn Ahmed. In Sitzungen, zu denen mein Patient besonders belastet erschien, fragte ich ihn gezielt nach dieser Zeit. Herr Ahmed war in einem gebildeten, weltoffenen und emanzipierten Elternhaus aufgewachsen. Seine Mutter war berufstätig gewesen und hatte den Kindern schon damals im Kaiserreich unter Haile Selassie Gleichberechtigung vorgelebt. In seiner Erinnerung war dies eine Zeit der Multikulturalität und des gegenseitigen Respekts vor den Kulturgütern der Andersgläubigen gewesen. Seine Eltern hatten als gläubige Muslime ganz selbstverständlich auch christliche und animistische Freunde gehabt, in seinem Elternhaus waren unterschiedliche Sprachen gesprochen und verschiedene Götter angebetet worden. Diese Erfahrungen eines offenen und respektvollen Miteinanders im gemeinsamen, offenen und respektvollen Gespräch wieder lebendig werden zu lassen, war Balsam für die Seele von Herrn Ahmed, wenn er sich mal wieder in den Schrecken der rassistischen Entgleisungen der äthiopischen Militärdiktatur oder dem alltäglichen Rassismus seiner deutschen Mitbürger verlor. In seiner wunderbar ausladenden und farbenreichen Art zu erzählen, füllten erhebende Erlebnisse des gemeinsamen Gebets mit seinem Vater an einem Fluss bei Sonnenaufgang den Therapieraum. Beinahe konnte auch ich die Papageien in den Baumwipfeln kreischen hören und den Duft der satten feuchten Morgenluft riechen. Oft wirkte Herr Ahmed nach diesen Sitzungen wie verwandelt. Er war als gebückter Hilfsarbeiter im Blaumann gekommen und verließ den Raum als stolzer und lebenserfahrener Wanderer zwischen den Kulturen und Zeiten. Für mich war es eine wunderbare Bereicherung und eine Möglichkeit, ein paar Vorurteile über Afrika und den Islam loszulassen.

Wir suchten nach Wegen, diesen Erlebniszustand im Alltag verfügbarer zu machen, und fanden nach einiger Zeit einen hervorragenden Anker, den sich Herr Ahmed zu früheren Zeiten schon selbst geschaffen hatte. In den 80er-Jahren hatte er als einziger schwarzer Flüchtling in einer kleinen Stadt viel Rassismus und Ausgrenzung erlebt, fand jedoch nach einiger Suche in der die damalige Welt umarmenden Reggae- und Rasta-Szene Heimat. Lieder von Künstlern wie Bob Marley und Peter Tosh waren seinerzeit enorme Kraftgeber für den Patienten, verkörperten sie doch eine bis dato ungeahnte Emanzipation von rassistischer Unterdrückung. Ich begab mich bereitwillig in die Rolle des Schülers, und mein Patient wurde zum fachkundigen Historiker. Diese Umkehr des normalerweise zwischen Behandler und Patient bestehenden Machtgefälles tat meinem Patienten ungemein gut. Er berichtete mir von den Demonstrationen für die Freilassung Nelson Mandelas, an denen er teilgenommen hatte, und spannte elegant den Bogen zu Vorreitern des Panafrikanismus wie Marcus Garvey und Helden der Black-Empowerment-Bewegung wie Martin Luther King. Über den von Garvey mitbegründeten Rastaglauben kehrten wir zu dem äthiopischen Kaiser Haile Selassie und der kulturellen Vielfältigkeit des kaiserlichen Äthiopiens und somit der Wurzel der ungeheuren Kraft und Resilienz meines Patienten zurück. Es war eine ungemein bereichernde therapeutische Erfahrung zuzuschauen, wie sich der niedergedrückte und eingesperrte Selbstwert meines Patienten in diesen Sitzungen wieder zu entfalten begann. Ich spürte förmlich die Last von ihm abfallen, mit der die ihm oktroyierte Rolle des dummen Afrikaners auf seinen Schultern lag. Ohne zu zögern fand er ein Lied von Peter Tosh, das er fortan nutzte, um sich dieser starken und aufrechten Seite seines Selbst zu vergewissern, wenn die Realität seines Lebens als »muslimischer Flüchtling« ihn wieder niederzudrücken drohte.

9.4 Hinweise für die Praxis

Was wir gelernt haben: Es ist notwendig, dem Klienten den Blick auf den eigenen Handlungsspielraum zu eröffnen und damit die Selbstwirksamkeit zu stärken, sein Leben im Rahmen seiner Möglichkeiten selbst gestalten zu können.

Niemand weiß besser, was ihm guttut, als der Klient selbst.

- Die Wahrnehmung der eigenen Handlungsspielräume stärkt die Selbstwirksamkeit unserer Klienten.
- Wenn wir die Persönlichkeit eines Menschen als ein Orchester betrachten, in welchem unterschiedliche Instrumente/Egostates (im Idealfall harmonisch und integriert) zusammenspielen, so stärken wir durch eine therapeutische Beziehung, die den ganzen Menschen sieht, gezielt auch die resilienten und funktionalen Anteile, statt nur die verletzten oder kontrollierenden Anteile zu Soli aufzufordern.

KAPITEL 10

Therapieübungen

10.1 Schnelle Stabilisierungsübungen

Da das Belastungs- und Stressniveau bei traumatisierten Geflüchteten meist recht hoch ist, wenn sie zu uns in die Therapie kommen, ist es gut, wenn wir den Patienten möglichst bald eine Übung zur Stabilisierung und Verankerung in der Gegenwart mitgeben können. Bestenfalls sollte es eine einfache Übung sein, die keine lange Anleitung und Übungspraxis erfordert, sondern die auch schnell von den Patienten selbständig angewandt werden kann.

Hier haben sich in der Praxis u.a. folgende drei Übungen bewährt:

1. Nennen Sie mir 5 Dinge in diesem Raum, die grün/gelb/rot/blau etc. sind.
2. Nennen Sie mir 5 Dinge, die Sie auf dem Tisch/auf dem Boden/an der Wand/an der Decke sehen.
3. Nennen Sie mir 5/4/3/2/1 Dinge, die Sie jetzt sehen/hören/riechen/fühlen/schmecken können.

In der Konzentration und Fokussierung auf die o.g. Aufgaben stellen die Patienten schnell fest, dass sie währenddessen nicht gleichzeitig an etwas anderes denken können.

So können die Übungen selbständig von ihnen angewendet werden, wenn sie merken, dass das ungewollte Wiedererleben und -erinnern einsetzt und Bilder und Gefühlszustände, die mit ihren Traumata zusammenhängen, sie überschwemmen.

10.2 Haptische Hilfsmittel und Bewegung

Vielen Geflüchteten fällt es zunächst leichter, mit haptischen Gegenständen zu arbeiten.

Unserer Erfahrung nach haben sich z.B. Igelmassagebälle, Handsteine oder Pfefferminzöl bewährt.

Gerade bei einer starken intrusiven Symptomatik in Form von Flashbacks und Albträumen können Anregungen zu einfachen und leicht verfügbaren Reorientierungsübungen helfen. Wir können unseren Patienten vorschlagen, sich beispielsweise eine Postkarte des Wohnortes in Deutschland auf den Nachttisch zu stellen, die auf einen Blick klarmacht: Ich bin in Deutschland, ich bin in Sicherheit! Ähnlich wirkt die Anregung, tagsüber Bilder von Deutschland (Landschaft, Architektur etc.) mit dem Handy zu sammeln und bei Belastung durchzugehen. Und ganz zeitnah, nach einer anstrengenden Therapiesitzung: »Wenn Sie auf dem Rückweg durch die Stadt gehen, achten Sie einmal ganz genau darauf, woran Sie erkennen können, dass Sie in Deutschland und in Sicherheit sind. Schauen Sie einmal, woran Sie Deutschland am besten erkennen: am Straßenbild, an der deutschen Sprache, den vielen hellhäutigen Gesichtern, dem satten Grün der Pflanzen, den Gerüchen etc.«

Auch die Anleitung zu einem achtsamen Spaziergang durch die neue Umgebung, verbunden mit dem bewussten Wahrnehmen der Sinneseindrücke (Was kann ich jetzt sehen/hören/riechen?), hat sich in der Praxis als hilfreich erwiesen. Bei dieser Übung ist es ggf. empfehlenswert, sie zunächst gemeinsam mit dem Klienten/der Klientin durchzuführen und anzuleiten.

10.3 Ressourcenaktivierende Übungen

Viele alltagsnahe Übungen dazu finden Sie u.a. bei Luise Reddemann, *Eine Reise von 1000 Meilen beginnt mit dem ersten Schritt.*

10.4 Imaginationsübungen

Vorbemerkung: Wir empfehlen, alle Imaginationsübungen im Dialog gemeinsam mit den Klienten zu entwickeln und subjektiv auf ihre Erfahrungen abzustimmen. Wie auch sonst in unserer Praxisarbeit gibt es Klienten, die zugänglich für Imaginationen und innere Bilder sind und sich damit leichttun. Aber wir treffen auch immer wieder auf Menschen, die – aus welchen Gründen auch immer – keinen Zugang zu Imaginationen und daraus sich möglicherweise ergebenden Übungen finden und diese ablehnen, was ihr gutes Recht ist.

Die Erfahrung hat gezeigt, dass es nach einer Übung, in der sich ein Gefühl von Sich-wohl-und-sicher-Fühlen eingestellt hat, hilfreich ist, die Klientin zu bitten, sich dieses Erleben noch einmal bewusst zu machen und dabei auch auf die körperliche Befindlichkeit zu achten. Um dieses Erleben anschließend zu verankern, kann der Klientin eine Kleinigkeit aus dem Therapieraum mitgegeben werden, damit sie sich auf Wunsch an das sichere Gefühl im Therapieraum erinnern kann. Hierfür eignen sich z. B. kleine Steine, aus denen die Klientin sich einen aussuchen darf.

Imaginationen, die bisher auch mit Geflüchteten gut gelungen sind:

1. Wohlfühlort oder Ort der Geborgenheit
   Hier sollte zunächst gemeinsam geklärt werden, was sich die Klientin/der Klient unter einem Ort vorstellen, an dem sie sich wohlfühlen können. Es ist jeweils abzuwägen, ob es ein Ort von früher sein sollte, weil dieser ja verloren ist. Für manche Klientinnen ist es aber sehr wichtig, genau so einen anderen Ort wiederzubeleben. Ansonsten empfiehlt es sich, gemeinsam einen Phantasieort zu imaginieren, der Wohlempfinden und Geborgenheit vermittelt und der in der Vorstellung jederzeit aufgesucht werden kann. Es empfiehlt sich auch zu klären, ob Klientinnen an diesem Ort hilfreichen Wesen begegnen möchten. Dabei ist besonders auf kulturspezifische Besonderheiten zu achten.

2. Tresorübung
   Hier geht es darum, ein Bild für einen sicheren Aufbewahrungsort für Belastendes zu finden und alles Belastende dort einzuschließen. »Tresor« ist nur eine Metapher und kann je nach Bedarf abgewandelt werden.

3. Lichtstromübung
   Es wird ein Licht in einer heilsamen Farbe imaginiert, das Heilung bringt und alles Belastende mitnimmt und an die Erde abgibt.

4. Schützender Lichtkreis
   Dieses Bild soll helfen, sich selbst in einem Kreis aus Licht zu imaginieren und eine andere Person, von der man sich in irgendeiner Form belastet fühlt, ggf. in einem zweiten Lichtkreis. Die Kreise berühren sich nicht und gehen keinesfalls ineinander über. Es sollte darum gehen, dass man durch das Licht geschützt ist und die andere Person ebenfalls, aber durch ihr eigenes Licht. Für Menschen aus kollektivistischen Kulturen bitte genau klären, ob diese Imagination mit dem Weltbild der Betroffenen zusammenpasst. Möglicherweise ist diese Übung ein Einstieg, um nach eigenen Vorstellungen der Klientinnen zu forschen und nach dazu passenden Bildern.

KAPITEL 11

Woran wir noch denken sollten

11.1 Umgang mit dem Körper (feste Nahrung und Flüssigkeit) und evtl. Beschwerden

Gerade bei jungen Geflüchteten lohnt es, nach Ernährungsgewohnheiten zu fragen. Wer beispielsweise als unbegleiteter minderjähriger Flüchtling nach Deutschland gekommen ist, hatte häufig noch keine Gelegenheit, eigenständige gesunde Ernährungsgewohnheiten zu entwickeln. Selbstverständlich ist die psychische Gesundheit nicht ausschließlich von einem guten Ernährungszustand abhängig. Da jedoch bei länger andauernder Mangel- oder Fehlernährung nicht nur körperliche, sondern auch psychische Widerstandskräfte gemindert werden, sollte dieser Aspekt von unserem Blick miterfasst werden. Hierbei sollten wir auch berücksichtigen, dass es in den Herkunftskulturen eventuell eine deutliche Rollenverteilung gab und daher auch alleinstehende Erwachsene nicht immer ohne Weiteres in der Lage sind, sich gesund und ausgewogen zu ernähren. Besonders wenn die gewohnten Nahrungsmittel und die alltägliche Verfügbarkeit (beispielsweise Straßenstände in der Heimat) nicht mehr gegeben sind, weil Deutschland eine ganz andere Esskultur hat, stellen sich leicht sehr einseitige und ungesunde Gewohnheiten ein. Dass die meisten Geflüchteten kaum Geld zur Verfügung haben, schränkt es die Möglichkeiten zusätzlich ein. Ein schöner Zugang zum Thema Ernährung in der Therapie ist, zunächst nach den aktuellen Essgewohnheiten und anschließend nach Essgewohnheiten und Lieblingsspeisen aus der Heimat zu fragen. Oft hilft dieser Kontrast den Menschen bereits, ihre aktuelle Ernährung zu hinterfragen und einen Anreiz für bessere Selbstfürsorge zu finden.

Bedenken wir, dass ein gemeinsames Essen im großen Kreis der Familie auch von erheblicher sozialer Bedeutung ist, beginnen wir Möglichkeiten zu sehen, solche Situationen bei unseren geflüchteten Patientinnen und Patienten anzuregen und zu fördern. Beispielsweise bietet sich der Fastenmonat Ramadan bei vielen Muslimen an, abends mit anderen Bewohnern ihrer Flüchtlingsunterkunft zusammen das Fastenbrechen zu begehen. Ein in diese Richtung deutender Vorschlag kann therapeutisch hilfreiche soziale Einbindung erheblich fördern. Das sogenannte Zuckerfest, welches das Ende des Fastenmonats mit üppigen Speisen und gemeinsamem Essen feiert, ist dann eine schöne Möglichkeit für unsere Patienten, neu geschlossene Freundschaften zu festigen.

Wenn wir therapeutische Gruppen für Menschen eines bestimmten Sprach- oder Kulturraumes anbieten, kann beispielsweise zum Abschluss der Gruppentherapie ein gemeinsames Essen geplant werden. Neben wundervollen kulinarischen Entdeckungen, die sich bei einer solchen Gelegenheit für uns Therapeuten ergeben können, haben wir die Erfahrung gemacht, dass das Zubereiten landestypischer Gerichte für viele eine gern genutzte Gelegenheit ist, sich für die Therapie und Unterstützung zu bedanken. Auch um ein solches Dankeschön mit gebührendem Appetit respektvoll annehmen zu können, lohnt es, dies bewusst zu planen. Es ist bedrückend für alle Beteiligten, wenn Patienten aus Dank für die Behandlung ihren letzten Cent ausgeben, um nichtsahnend der vegan lebenden Therapeutin einen aufwendig gekochten Fleischeintopf mit in die Therapiestunde bringen. Wird ein gemeinsames Essen hingegen bewusst geplant, kann es eine wunderbare Gelegenheit sein, Brücken zwischen den Kulturen zu bauen.

Geflüchtete leben in Deutschland oft in einer Struktur, die jegliche Initiative unterdrückt und Handlungsspielräume einengt. Nur wenige dürfen ohne monatelange Behördenmarathons arbeiten. Umzüge in die Nähe von Verwandten oder gar in Städte mit einer kleinen muttersprachlichen Gemeinde sind während des oft jahrelang dauernden Asylverfahrens nahezu unmöglich. Sprachkurse werden oft auch erst nach Abschluss der Asylverfahren angeboten. In den sich aktuell etablierenden sogenannten Ankerzentren werden die Möglichkeiten selbstbestimmten Handelns und somit des therapeutisch so wichtigen Kontrollerlebens noch weiter schwinden. Umso wichtiger ist es, in den verbleibenden Bereichen Initiative, Bewegung und sinnvolle Betätigung zu unterstützen. Bei vielen jungen Menschen gelingt dies gerade im sportlichen Bereich. So spielen viele junge Männer leidenschaftlich gern Fußball, knüpfen über dieses Hobby neue Kontakte und finden Halt. Ein junger Mann klagte bei mir (CG) einmal darüber, dass er so gern auch Fußball spielen würde, alle anderen jungen Männer aus seinem Heimatland würden dies tun. Doch weil er wegen Foltermalen an den Fußsohlen nur mit starken Schmerzen laufen konnte, sah er jegliche körperliche Betätigung für sich als unmöglich an. Dann kam er eines Tages deutlich stabiler zur Therapie und erzählte glücklich, dass er nun das Fahrradfahren für sich entdeckt habe.

11.2 Umgang mit Geschenken

Geschenke sind zumeist eine Geste der Dankbarkeit und vielleicht auch eine Form, mit uns Behandlerinnen in eine Begegnung auf Augenhöhe kommen zu wollen; nicht nur etwas von uns zu bekommen, sondern auch etwas zurückgeben zu wollen. Meist handelt es sich um kleine Geschenke wie Schokolade o.ä., aber es kann durchaus auch passieren, dass man uns einen Kochtopf, randvoll mit einer landestypischen Speise, mit in die Sitzung bringt. Essen verbindet, in allen Kulturen.

Woher rührt dieses Bedürfnis, uns Essen mitzubringen? In den Sitzungen sprechen die Geflüchteten i.d.R. auch von ihrer Heimat, ihrem Leben vor der Flucht, ihren Traditionen, ihrer Kultur, zu der auch ihre traditionellen Speisen gehören. Vieles von dem, was vor der Flucht das Leben bestimmt hat, ist verloren gegangen. Oft ist die Zubereitung ihrer traditionellen Speisen das Einzige, was sie sich in der Fremde zunächst erhalten können. Die Menschen möchten uns gerne teilhaben lassen an ihrer Kultur, an dem, was ihr Leben früher bestimmt hat, und uns nicht nur mit Worten von der Heimat erzählen. Sie erhalten sich in der Zubereitung ihrer Speisen aber nicht nur ein Stück Heimat, sondern erleben sich gleichzeitig auch in ihrem Können: Sie leben in den Unterkünften oft unter schwierigen Bedingungen, verstehen vieles in ihrer neuen Umgebung noch nicht, aber sie wissen eine Speise zuzubereiten, die man bei uns nicht isst und auch üblicherweise nicht in einem Restaurant bekommt. Sie freuen sich, wenn sie für uns etwas Besonderes zubereiten können und wir ihre Speise und Kultur wertschätzen.

Für uns Behandler ist es aber nicht unbedingt leicht und stimmig, diese Geschenke, sei es Schokolade oder eine selbst zubereitete Speise, anzunehmen, vor allem, da wir wissen, dass die Geldmittel unserer Klienten sehr begrenzt sind.

Auch für den Umgang mit Geschenken gilt unsere Empfehlung, dies in einer Sitzung sensibel zu thematisieren. Wir sollten einerseits unsere Klienten nicht brüskieren und kränken, indem wir ihre Geschenke per se ablehnen, andererseits kann es für beide Seiten auch entlastend sein, wenn miteinander gut geklärt werden kann, dass Geschenke nicht vonnöten sind.

Es kann durchaus auch sein, dass in einigen (wenigen) Fällen Geschenke nicht aus einem Dankbarkeitsgefühl oder dem Wunsch mitgebracht werden, uns Behandlerinnen etwas zurückgeben zu wollen, sondern dass es aus einem kulturell bedingten Pflichtgefühl heraus geschieht. Es ist für beide Seiten erleichternd, wenn im Verlauf diesem Pflichtgefühl nicht mehr nachgegeben werden muss.

Es kann auch vorkommen, dass wir Geschenke erhalten, die uns verpflichten sollen, z. B. einem Verwandten/Bekannten einen Therapieplatz anzubieten. Ebenso können die Dolmetscher beschenkt werden in der Erwartung, auch außerhalb des Therapiesettings ihre Dolmetscherleistung in Anspruch nehmen zu dürfen. In beiden Fällen gilt es, dies im Therapiesetting zu thematisieren, um solchen Erwartungen möglichst sofort entgegenzuwirken.

»Für mich ist es ein Geschenk, dass Sie mir Ihr Vertrauen schenken. Und dafür danke ich Ihnen! Ich bitte Sie zu verstehen, dass es mehr nicht braucht.« Damit drücken wir den Klientinnen gegenüber aus, dass es auch ohne materielle Geschenke eine Begegnung auf Augenhöhe ist.

Eine weitere Interventionsmöglichkeit kann als hilfreich in Betracht gezogen werden, da sie die Chancen für das Verstehen des evtl. therapeutisch relevanten verborgenen Sinnes der Geste des Schenkens eröffnet: »Ich finde Ihre Absicht, mir ein Geschenk machen zu wollen, sehr freundlich. Vielen Dank dafür. Ich weiß im Moment nicht, ob ich es annehmen kann. Mich würde sehr interessieren, welche Bedeutung diese Geste für Sie hat. Wäre es möglich, dass wir darüber miteinander sprechen? Wenn Sie das interessiert, kann ich Ihnen auch gerne sagen, wie das für mich ist, wenn Sie mir ein Geschenk machen wollen.«

11.3 Netzwerkaufbau: Kontaktstellen und Internetadressen für die therapeutische Arbeit mit Geflüchteten

Bundesweite Arbeitsgemeinschaft der psychosozialen Zentren für Flüchtlinge und Folteropfer: http://www.baff-zentren.org

Pro Asyl: https://www.proasyl.de

Bundes-Psychotherapeutenkammer zur Ermächtigungsregelung zur Behandlung von Geflüchteten: https://www.bptk.de

European Country of Origin Information Network (Aktuelle Herkunftsländerinformationen): https://www.ecoi.net/de

Standards zur Begutachtung psychisch reaktiver Traumafolgen (in aufenthaltsrechtlichen Verfahren): https://www.sbpm.de

Ökumenische Bundesarbeitsgemeinschaft Asyl in der Kirche e.V.: https://www.kirchenasyl.de

Suchdienst des Deutschen Roten Kreuzes: https://www.drk-suchdienst.de

KAPITEL 12

Grenzen des Einzelengagements wahrnehmen und darüber hinausgehen

Die Zusammensetzung (Herkunftsländer, Alters- und Geschlechtsstruktur etc.) und psychosozialen Bedarfe der geflüchteten Patientinnen, die unsere Praxen und Einrichtungen aufsuchen, verändern sich stetig. Dies erfordert Modifikationen der Behandlungskonzepte in Bezug auf Sprache(n), Genderaspekte, religiösen Hintergrund, Art der Traumatisierung, Familienstrukturen, Krankheitsverhalten und Umgang mit Belastungen, die mit unsicherer rechtlicher Situation einhergehen. Die Bearbeitungszeiten von Asylanträgen werden immer länger, dadurch entsteht längere Aufenthaltsdauer in Gemeinschaftsunterkünften und lang andauernde rechtliche Ungewissheit für Geflüchtete, z.B. in Bezug auf Familiennachzug oder auf eigene Bleibeperspektive. Dies bringt Geflüchtete an ihre Belastungsgrenzen. Aggressionen, Wut, Hass und übersteigerte Erwartungen an Therapeuten können die Folge sein. Das lässt uns wiederum die Grenzen unseres einzeltherapeutischen Tuns spüren, wie in folgenden Geschichten dargestellt wird.

12.1 Was Sie erwartet

In der ersten Fallgeschichte wird beschrieben, wie eine Wende in der therapeutischen Arbeit mit einem aggressiven jungen Geflüchteten möglich wird, wenn die Dynamik der Impulsdurchbrüche und der

Gewaltanwendung verstanden wird. Es ist sehr lohnend, die aggressiven Seiten anzusprechen und zur Mitarbeit einzuladen und als Therapeutin dabei keine große Angst zu haben. Die aggressiven Seiten aus der Dunkelheit herauszuholen, Patientinnen ermöglichen sich auch in diesen Persönlichkeitsanteilen von uns und von sich selbst gesehen zu fühlen, ist wichtig.

12.2 Herr Jocanovic oder einfach Zivko

Ljiljana Joksimovic

Der Patient, der der Minderheit der Roma angehört, stellte sich aufgrund von Schlafstörungen, starken Kopfschmerzen und Magen-Darm-Beschwerden auf Anraten seines Hausarztes in meiner transkulturellen psychosomatischen Sprechstunde vor. Wie alle meine Patienten siezte ich ihn und sprach ihn mit »Herr« und seinem Familiennamen an. Er bat mich direkt, ihn nicht so förmlich anzusprechen, sondern zu ihm »du« zu sagen und ihn einfach mit seinem Vornamen, Zivko, anzusprechen. Er fühle sich einfach unwohl und beschämt, wenn man zu ihm »Herr« sage. Auf Nachfrage führte er aus, dass das, was er mit der Bezeichnung »Herr« verbindet, seinem Selbstbild überhaupt nicht entspräche und daher für ihn komisch klänge. Das komme ihm so vor, als ob man ihn auslache. Er sei in seinen Augen einfach kein »Herr«. Ich teilte ihm mit, dass es für mich aber eine Schwierigkeit darstelle, ihn nicht zu siezen. Auf seine spontane Gegenfrage nach meinen Gründen konnte ich zwar keine überzeugenden Erklärungen liefern, blieb aber dabei, ihn nicht duzen zu wollen.

Ich war beeindruckt von der Klarheit, mit welcher der Patient über seine Gefühle von Scham, über sein Selbstbild, über die Angst vor dem Ausgelacht-Werden sprach. Seine Kopfschmerzen und seine Magen-Darm-Beschwerden waren kaum Themen, über die wir sprachen. Relativ schnell vertraute er mir an, dass eigentlich seine größte Sorge sei, nicht heiraten zu können. Er wisse überhaupt nicht, wie er eine Frau hier kennenlernen könne. »Wo schauen Sie sich um?«, fragte ich. »Bei Aldi«, antwortete er, wie aus der Pistole geschossen. Das war nun wirklich eine Antwort, mit der ich nicht gerechnet hatte.

»Bei Aldi?«, fragte ich und konnte dabei kaum noch ein herzliches lautes Lachen kontrollieren. »Ja. Aldi finde ich schön«, sagte er, blieb dabei ernst und setzte sein Erzählen fort.

»Manchmal stelle ich mir vor, ich habe eine Frau und wir gehen zusammen bei Aldi einkaufen. Wir tragen gemeinsam schwere Tüten, und unsere Kinder, so zwei oder drei, nicht sehr viele, warten auf uns zu Hause und wir bringen ihnen Essen und Süßigkeiten.«

»Oh, Zivko«, rutschte mir raus. »Entschuldigen Sie bitte, dass ich so gelacht habe. Das klang für mich etwas witzig, als Sie sagten, dass Sie sich bei Aldi nach einer Frau umschauen. Ihr Erzählen berührt mich aber sehr.«

»Kein Problem … Sie haben jetzt aber Zivko gesagt.«

»Stimmt. Aber mit ›Sie‹.«

Plötzlich war das für mich sehr stimmig und in Ordnung, ihn zwar zu siezen, jedoch mit »Zivko« anzureden. Ich schlug das als Kompromisslösung vor. Er wirkte erleichtert. Bis heute weiß ich nicht, warum ich mich so schwer damit tue, Patienten auf deren Wunsch, anders als es hier üblich ist, anzusprechen. Es ist einfach so. Bei Zivko machte ich (ungewollt) dennoch eine Ausnahme. Rückblickend denke ich, dass ihm selbst vielleicht genau das ermöglichte, auch eine Ausnahme zu machen. Er erzählte nämlich zum ersten Mal jemandem, dass er quälende Gedanken habe, dass, wenn er heiraten würde, er seine Frau schlagen müsse. Diese Gedanken kämen immer wieder, es seien aber keine Stimmen, die er höre. Er versuche mit aller Macht sie loszuwerden. Unter anderem stelle er sich schöne Familienbilder vor und sage sich immer wieder, dass er das nicht wolle, seine Frau zu schlagen. Schließlich wolle er ja ein Herr, ein richtiger Herr werden. Ein Herr schlüge nicht, ein Herr sähe gut aus, sei gütig, gut angezogen.

Im weiteren Verlauf wurde klar, dass er nicht nur unter seinen aggressiven Zwangsgedanken und Befürchtungen, seine zukünftige Frau schlagen zu müssen, sondern auch unter einer Reihe von anderen Zwängen, die in ihm Selbstzweifel auslösten, litt. So räumte er mehrmals am Tag seinen Kleiderschrank auf, konnte sich nicht entscheiden, ob er seine Hose falten oder aufhängen solle, und er ekelte sich vor vielen Sachen. Das Leben in der kleinen Wohnung, die er mit Mutter und der schwer behinderten Schwester bewohnte, gestaltete sich schwierig, da er immer mehr Kontroll- und Ordnungszwänge entwickelte.

Ich lobte ihn dafür, dass er darüber berichtete, und erklärte, wie wichtig es ist, eine Zwangserkrankung möglichst früh zu erkennen und zu behandeln. Er fand es sehr spannend zu hören, dass die Erkrankung bei anderen Menschen auch meist im Jugend- oder frühen Erwachsenenalter vor dem 30. Lebensjahr beginnt, dass junge Männer daran häufig erkranken und dass Betroffene sich ihrer Erkrankung schämen. Später erzählte er, dass er das Gefühl gehabt habe, dass ich mit jedem Satz, der seine Erkrankung erklärte, ihm einen Platz unter anderen Menschen verschaffte. Er konnte nicht glauben, dass über das, worunter er litt, etwas in den Lehrbüchern stand.

»Ich will meine Frau nicht schlagen«, wiederholte er immer wieder. »Wie kommen Sie darauf, dass Sie es tun würden?« – »Weiß ich nicht. So fühle ich und habe Angst davor.« In diesem Zusammenhang berichtete Zivko in den folgenden Stunden von seinen Erinnerungen an seinen Vater. Vor seinen Augen sei der Vater von der Polizei mehrfach geschlagen, beschimpft und bedroht worden. Die Polizei sei immer wieder gekommen, unangekündigt. Es habe keine Anklage, kein Verfahren, keinen Richter gegeben. Der Patient berichtete, dass sich der Vater dadurch verändert habe. Er habe oft die Mutter geschlagen, für jede Kleinigkeit. Zivko wirkte stark aufgeregt während des Berichtens. Die Mutter sei für ihn eine Heilige gewesen, sagte er. Die Kinder habe der Vater nicht geschlagen. Die Mutter habe ihn geschlagen, aber nicht schlimm. Das sei nicht erwähnenswert. Wir hielten Folgendes fest: Die Polizei hatte seinen Vater geschlagen, der Vater schlug die Mutter, die Mutter schlug die Kinder. Ich erzählte von der Gewaltspirale, er hörte interessiert zu.

»Haben Sie eigentlich schon mal jemanden geschlagen?«, fragte ich. Nach einer Pause antwortete er mit »Ja«.

»Möchten Sie mehr dazu sagen?«

»Was soll ich sagen. Ich kann mich nicht daran erinnern.«

»Von wem wissen Sie das?«

»Von meiner Mutter. Ich bin auf sie losgegangen.«

»Einmal?«

»Nein, mehrmals. Aber ich schlage sie nicht. Wissen Sie, ich schubse sie, ich dränge sie aus meinem Zimmer, sie soll mich in Ruhe lassen. Das ist kein Schlagen … Nur einmal, oder vielleicht zweimal, ist mir die Hand ausgerutscht.«

»Warum kommt sie in Ihr Zimmer?«

»Sie will, dass ich aufhöre mit dem Falten von Hosen und Socken, dass ich rauskomme, dass ich esse … Ich will nicht raus, ich will nicht essen, sie soll mich in Ruhe lassen, alle sollen mich in Ruhe lassen.«

Ich sagte dem Patienten, dass ich es gut fände, dass er das erzählt habe. Er meinte, er sei ein ehrlicher Mensch. Ich sagte ihm auch, dass ich gerne über sein Verhalten mit ihm ausführlicher sprechen würde, dass das aber nicht am heutigen Tag sein müsse. Ich fügte hinzu, dass ich es gut finden würde, wenn er mir zusichern könne, dass er alles dafür tun würde, um zu verhindern, seine Mutter wieder zu schlagen.

»Wie meinen Sie das?«, fragte er. »Ich kann doch nichts dafür, wenn sie mich provoziert. Ich habe ihr gesagt, dass sie mich in Ruhe lassen soll. Wenn sie es nicht tut, werde ich sie schlagen, dann hat sie das verdient.« Der Patient wirkte wie verändert, sehr kühl und äußerst angespannt.

Ich blieb dabei, dass ich die erwähnte Zusicherung als wichtige Voraussetzung für weitere Arbeit sähe, und gab ihm eine Bedenkzeit bis zum nächsten Termin.

Er kam nicht zum nächsten Termin, meldete sich ab und bat um einen Folgetermin, zu welchem er pünktlich kam. Die Stunde begann er mit dem Satz: »Wenn die mich weiterhin zwingen werden zu heiraten, werde ich die alle umbringen. Die sagen ja eh alle, dass ich verrückt bin.« Der Patient konnte sich glaubhaft von der Aussage distanzieren, und ich erfuhr Folgendes: Der Vater des Patienten starb 43-jährig an einem Herzinfarkt, als er selbst 10 Jahre alt gewesen war.

Dadurch sei das Leben für ihn, seine Mutter und die behinderte Schwester, die unter schwerer Epilepsie leidet, schwer geworden. Ein Jahr später kam es zu NATO-Luftangriffen auf Serbien und Belgrad wegen des Kosovokrieges. Seine Schwester sei während der Angriffe so unruhig gewesen, dass die Mutter mit ihr in der Wohnung des Hochhauses geblieben sei. Sie habe sich mit ihr nicht zu den anderen Einwohnern in den Keller getraut. Sie habe deren Blicke und Ungehaltenheit nicht ausgehalten. Manchmal sei auch er oben in der Wohnung geblieben, weil er Angst um die Mutter und Schwester gehabt habe. 2001 habe sich die Mutter mit den Kindern zu ihren Brüdern nach Deutschland aufgemacht. Er sei damals ca. 12 Jahre alt gewesen. Aufgrund der Erkrankung und Behinderung der Schwester erhielt die Familie eine vorübergehende Aussetzung der Abschiebung. Als Zivko 18 Jahre alt wurde, wurde er zur Ausreise aufgefordert, wobei Schwester und Mutter weiter geduldet in Deutschland hätten bleiben dürfen. Wir stellten fest, dass seine Zwänge in dieser Zeit begannen. So fing er immer wieder an, in den Keller zu gehen, um von dort etwas zu holen, was es dort nicht gab. Er wusste zum Beispiel, dass seine Socken nicht im Keller waren, musste aber erst mal dort nachschauen, manchmal mehrfach, bevor er sich entschied, in der Schublade nachzuschauen, in der sich die Socken befanden. Ähnlich erging es ihm mit dem Schlafanzug: Bevor er sich für den Schlaf fertig machte, musste er mehrfach in den Keller, um dort nach dem Schlafanzug zu suchen. Wenn er es nicht tat, löste das enorme Ängste aus. Er versuchte, wie viele andere Menschen, seine Zwänge zu verheimlichen, was ihm aber nicht gelang. Die Mutter fand das schlimm und schimpfte mit ihm, was ihn aggressiv machte. Mit der Zeit bestimmte das seinen Alltag maßgeblich.

Als Lösung schlugen ihm die Mutter und ihre Brüder, also seine Onkels, vor, zu heiraten. Eine Braut wurde auch schon in Aussicht gestellt, nämlich eine, in Deutschland geborene, Cousine. Außerdem habe er über diesen Weg bessere Chancen, in Deutschland zu bleiben, da die Cousine einen unbefristeten Aufenthaltstitel hatte. Er wollte das auf keinen Fall. Die Rückkehr nach Serbien konnte er sich aber auch nicht vorstellen. Dort hatte er auch niemanden mehr.

Er fühlte sich hilflos und ausgeliefert, litt unter Ängsten und Schlafstörungen. Er schlief immer wieder bei seinem Onkel, weil er Angst hatte, in der Nacht aus der Wohnung von der Polizei abgeholt und abgeschoben zu werden. Die Cousine war auch immer wieder zu Besuch, sie bemühte sich um ihn, er mied sie. Der Onkel war sauer. Zu diesem Zeitpunkt dachte der Patient oft an Selbstmord als mögliche Lösung seiner Probleme. Nachdem er viel Druck vonseiten der Mutter und ihrer Familie bekam und nachdem seine Schwester weinte und schrie, als er ihr sagte, dass er zurück nach Serbien müsse, entschied er, der Heirat zuzustimmen. Die Brauteltern planten schon die Heiratszeremonie nach üblichen Bräuchen. Dieser Heiratsakt hat für Roma größere Bedeutung als letztendlich die standesamtliche Heirat. Erst danach sollte standesamtlich geheiratet werden, falls überhaupt.

Einige Wochen vor der geplanten Hochzeit brachte der Patient einige Sachen ins Haus des zukünftigen Schwiegervaters. Die zukünftige Schwiegermutter bat ihn, die Sachen im Flur abzustellen. Der Patient konnte das nicht tun. Er bekam Angst, dass etwas ganz Schlimmes passieren würde, wenn er das tue, und dachte, zuerst mit den Sachen einmal in den Keller laufen zu müssen und sie erst dann im Flur abstellen zu dürfen. Als er in den Keller ging, rief seine zukünftige Schwiegermutter irritiert nach ihm. Als er aber den Drang verspürte, mehrmals in den Keller laufen zu müssen, und dem nachgab, beleidigte sie ihn. Die im Haus anwesenden Angehörigen und Kinder lachten ihn regelrecht aus. Er berichtete, sich dabei wie ein Nichts, wie das letzte Stück Dreck gefühlt zu haben. Er wisse nicht, wie er wieder nach Hause gekommen sei. Auf jeden Fall habe er seiner Mutter gesagt, dass er lieber sterben würde, als diese Cousine zu heiraten. Seitdem herrsche zu Hause die Hölle. Der Onkel unterstütze die Familie nicht mehr. Die Mutter behauptete, dass er nie heiraten werde, was er inzwischen auch befürchte. Außerdem würfe sie ihm vor, dass er sie im Stich gelassen habe, wie übrigens auch sein Vater, überhaupt vergleiche sie ihn oft mit seinem Vater. Das bringe ihn in Rage.

Ich vermittelte dem Patienten stets, dass es für mich immer verständlicher würde, wie schwer es ihm seine Umgebung machte, seine Wut und Aggressionen zu kontrollieren, dass er dennoch alles in seiner Macht Stehende tun müsse, um auf Gewalt verzichten zu können. Das schien ihm zeitweise ziemlich kompliziert, gar unmöglich. Im Gespräch mit der Mutter des Patienten wurde mir das Ausmaß der innerfamiliären und der gesellschaftlich erlebten Gewalt und Diskriminierung deutlich. Die Selbstverständlichkeit, mit der die Mutter selbst über massive Gewalterlebnisse berichtete, machte mich mutlos. Darauf angesprochen sagte sie, dass dies das Schicksal der Roma sei. Ich fragte mich, warum ich eigentlich so tue, als ob ich das zum ersten Mal höre. Wer tabuisiert hier was? Wer will hier was nicht sehen? Mein Patient und seine Mutter berichteten auf jeden Fall sehr offen.

Ich sagte ihr und dem Patienten, dass er, indem er der arrangierten Heirat nicht zustimmte, in meinen Augen versuche, sein Schicksal in die eigenen Hände zu nehmen. Dass dieser Schritt ihm sehr viel Angst mache, würde mich nicht wundern, das sei bei Menschen oft der Fall, wenn wir etwas verändern wollen. Ich stellte ihm die Fortsetzung der psychotherapeutischen Unterstützung in Aussicht unter der Bedingung, dass er seine Wut und Angst anfange zu beobachten und mir versprechen müsse, keine Gewalt anzuwenden. Auch wenn das etwas utopisch klingen mag, versprach ich ihm, dass es ihm gelingen könne, sein Schicksal besser selbst zu beeinflussen, wenn er lernen würde, seine Wut und Angst zu beherrschen. Ich bekam sofort Respekt vor meiner eigenen Äußerung, denn die Realität war, dass ihm sowohl sein familiäres Umfeld als auch sein rechtlicher Status den Weg der Selbstbestimmung erschweren, wenn nicht verunmöglichen würde. Sein Aufenthalt in Deutschland wurde seit mehreren Jahren immer nur um zwei Wochen verlängert.

Ich entschied mich, ihm auch das mitzuteilen. Daraufhin antwortete er: »Ich weiß, ich will trotzdem meine Mutter nicht schlagen.« Mit dieser Antwort hatte ich noch weniger als mit der Antwort »Bei Aldi« gerechnet. Das machte mir wieder Hoffnung und Mut, welche ich an den Patienten weitergeben konnte. Allerdings reichen einzeltherapeutische Bemühungen nicht aus, Patienten wie Zivko, nachhaltig zu helfen, »Herr« der eigenen Emotionen zu werden. Die so notwendige Zusammenarbeit mit Pädagogen, Rechtsberatern, Familienpflegern, Schulen, Ausbildern etc. bleibt in der Praxis oft nicht realisierbar.

12.3 Herr Ali Badru

Ljiljana Joksimovic

Ein 23-jähriger Afghane, der bei einer Explosion sein Bein verloren hatte und mehrfach operiert worden war (in Afghanistan, in Jordanien und in Deutschland), wurde über seinen Schmerztherapeuten vorgestellt, während er auf die Genehmigung seiner Beinprothese wartete. Sympathisch, hilfesuchend, aber auch ansprüchlich und ungeduldig wirkt der junge Mann auf die Psychotherapeutin. Er berichtet eindringlich über massive Schlafstörungen, Müdigkeit, Konzentrationsstörung und dass er hier allein lebt. Der Vater, dessen zwei Frauen und mehrere jüngere Geschwister leben noch in Afghanistan. Er leide darunter, dass er seinen Deutschkurs unregelmäßig besuche, da er viele Arzttermine habe, v. a. wegen seiner Prothese. Sein Anliegen war, dass die Psychotherapeutin ihm hilft, die Prothese schneller zu bekommen, und dass sie sich dafür einsetzt, dass er die bessere (teurere) bekommt. Die Mitteilung, dass er anhand der Unterlagen, die er gebracht hatte, die Prothese bald bekommen würde, wirkte nicht beruhigend.

»Ich kann nicht mehr warten«, sagte er.

»Und wieso nicht?«, fragte die Therapeutin.

»Einfach so.«

»Wie lange warten Sie schon auf Ihre Prothese?«

»Ewig«, antwortete der Patient.

Nach drei Monaten betrat der Patient ohne Krücken, mit der Beinprothese, das Behandlungszimmer. Er wirkte sehr glücklich. Und er erzählte von einem Mädchen … Endlich habe er ihr ein Bild von sich geschickt. Jetzt kann er sich zeigen. Die vermeintliche Ansprüchlichkeit und Ungeduld waren wie verschwunden. Es kehrte Ruhe ein.

Er ging regelmäßiger zu dem Deutschkurs, machte gute Fortschritte, fasste Vertrauen, kämpfte mit Flashbacks, mit Schmerzen. All das waren Themen in der Therapie.

Eines Tages kam der Patient und zeigte ein in der Notaufnahme aufgenommenes EKG.

»Ich habe eine Herzerkrankung«, sagte er.

Die Tatsache, dass im Befund keine relevante Herzrhythmusstörung stand, beruhigte ihn nicht.

»Mein Herz ist aber krank.«

»Und wieso?«

»Einfach so«, antwortete er.

Es schwiegen beide. Danach fragte er, ob die Therapeutin eine Idee hätte, wie er sich mit seiner Familie und v.a. dem Mädchen treffen könnte. Die Frage machte sie hilfs- und sprachlos.

Als der Patient angab, dass er alles könne, nur wenn sie alle hier wären, brach er in Tränen aus. »Ich kann nicht mehr warten. Mein Herz ist krank. Ich vermisse sie alle so sehr.«

Und dem Herz der Therapeutin ging es auch nicht sonderlich gut. Sie wusste, dass sie keinen Einfluss daran haben kann, wann ein Wiedersehen für die Familie möglich würde. Sie weiß aus eigener und aus der Erfahrung anderer Patienten, dass wahrscheinlich ein jahrelanges und ungewisses Warten auf das ersehnte Wiedersehen mit der Familie vor ihm stünde.

Zusammenfassung

Die Grenzen der Einzeltherapie werden fast immer in den Situationen deutlich, in welchen Menschen durch erneute Unsicherheit und Belastungen im Exil destabilisiert werden.

Die Reaktion darauf ist von Therapeut zu Therapeut, von Methode zu Methode unterschiedlich: Viele von uns fragen sich in ständig selbstkritischer und altruistischer Weise, was wir noch tun können. Überall im Land entstehen zurzeit Fortbildungsinitiativen, Psychotherapienetzwerke und Forschungsbündnisse, die das Ziel haben, Kolleginnen und Kollegen unterschiedlicher Verfahren noch besser zu befähigen, psychisch belasteten und traumatisierten Flüchtlingen zu helfen. Psychotherapeuten bieten den betroffenen Menschen sogar ehrenamtliche Hilfsangebote und ihre Unterstützung an. Wiederum andere sind davon überzeugt, dass es kein zusätzliches Engagement braucht. In unterschiedlichen Positionen begegnen sich Chancen, Grenzen und Gefahren. Die größten Begrenzungen für die therapeutische Arbeit mit Flüchtlingen ergeben sich unserer Meinung nach, wenn die zwischenmenschliche Begegnung misslingt. Dies ist i. d. R. der Fall, wenn die geflüchtete Person vom Gegenüber nicht als Individuum, sondern vorschnell als Teil der mehr oder weniger unbekannten Masse von Menschen wahrgenommen wird.

Wir wissen, dass die Möglichkeiten der psychotherapeutischen Praxis mit Flüchtlingen sich verbessern, wenn wir trauma- und kultursensibel vorgehen und wenn wir einen offenen Umgang mit der Diversität pflegen können. Achtsame Wahrnehmung des politischen Raumes weist einerseits die Grenzen auf, anderseits verbieten uns diese Grenzen nicht, sich innerhalb dieser menschlich zu begegnen und das Möglichste zu tun. Insbesondere kann die Begegnung misslingen, auch wenn aggressive Seiten von Flüchtlingspatienten entweder tabuisiert oder ausschließlich mit dem kulturellen Hintergrund der Flüchtlinge in Verbindung gebracht werden.

An dieser Stelle ist es uns wichtig zu erwähnen, dass wir bei der Arbeit mit Geflüchteten immer wieder an vielfältige Grenzen, auch an unsere eigenen, stoßen werden. Es hilft, sie zu kennen. Damit ist aber nicht gemeint, in Kenntnis dieser Grenzen Geflüchtete nicht zu behandeln. Damit ist gemeint, in Kenntnis der Grenzen das Möglichste zu tun, also nicht aufhören, bevor angefangen wird (siehe Kap. Mein erster Flüchtlingspatient). Die erste Grenze ergibt sich aus der Notwendigkeit, bei unserer Diagnostik und der Therapie kultur- und traumaspezifische Adaptierungen vorzunehmen. Manchmal sind strukturelle institutionelle Veränderungen dringend nötig, z. B. im Sinne eines Diversity managements und der Bildung von multikulturellen Teams[33]. Oft ist eine effektive klinische Psychotherapie nur dann möglich, wenn ein gemeinsames aufeinander abgestimmtes Engagement von Psychotherapeuten, Ärzten, Sozialarbeitern, Rechtsanwälten etc. zustande kommen kann. Auf die Grenzen des Einzelengagements muss daher in diesem Kontext immer wieder hingewiesen werden. Nicht zuletzt ist aber ohne Mitwirkung von Patienten keine Besserung möglich. Vulnerabilität von Flüchtlingen hat eben eine subjektiv-psychische sowie eine rechtliche, soziale und körperliche Dimension[34].

33 Schröder, M., Joksimovic, L.: Institutionelle Einflüsse auf die psychotherapeutische Arbeit mit geflohenen Menschen. In: Borcsa, M., Nikendei, C. (Hrsg.): Psychotherapie nach Flucht und Vertreibung: Eine praxisorientierte und interprofessionelle Perspektive auf die Hilfe für Flüchtlinge. Georg Thieme Verlag, 2017; pp 65–72

34 Ghaderi, C., van Keuk, E. (2017): Geflüchtete in der Psychotherapie – Heilung in einem politisierten Raum. In: Ghaderi, C., Eppenstein, T. (eds): Flüchtlinge. Springer VS, Wiesbaden
DOI https://doi.org/10.1007/978-3-658-15741-8_15

KAPITEL 13

Über einen traumasensiblen und ressourcenorientierten Umgang bei Extremtraumatisierung

Besonders bei Menschen, die sehr viel erlitten haben und die aus anderen Ländern zu uns kommen, scheint uns ein achtsamer Umgang und Mitgefühl in der Begegnung mit Leidvollem wichtig. Sei es ein Element formeller Psychotherapie oder auch eher sozialpsychiatrische oder sozialtherapeutische Begleitung. Mitgefühl wird hier verstanden als Einfühlung und als Wunsch der Begleitenden, Hilfreiches oder sogar Heilsames bewirken zu wollen; Heilung, Besserung oder Linderung von Beschwerden sind Ziele für jede Art von Krankenbehandlung; nach unserem Kenntnis- und Erfahrungsstand ist bei schwer belasteten Menschen Linderung und vor allem Trost das, was gebraucht wird, und ohne Mitgefühl scheint Trost nicht möglich. Es geht immer um mehrere Elemente in der Arbeit mit schwer traumatisierten Menschen: Dass wir bereit sind, allen Schrecken zu begegnen, soweit die Betroffenen das wollen – wir haben hier einige Beispiele angeführt, in denen dies auf Wunsch der Betroffenen nur sehr begrenzt ging –, Respekt vor den Lösungen der Betroffenen, Einladung, nach allem zu schauen, was jemals geholfen hat, und zu überlegen, inwieweit dies heute noch hilft, und es zu nutzen und vieles andere mehr.

Trost möchten wir im Sinn von Viktor Frankl, der bekanntlich Auschwitz überlebt hat, als ein wichtiges therapeutisches Element hervorheben.

Besonders in der Begleitung von schwer traumatisierten Menschen ergibt sich die *Notwendigkeit von neuen heilenden Beziehungserfahrungen* mittels der (therapeutischen) Beziehung – und in den Beziehungen der Betroffenen zu sich selbst, d. h., wir laden vorsichtig dazu ein, dass Klientinnen nach und nach zu einem mitfühlenderen Umgang mit sich selbst finden können.

Zum Beispiel: Für eine so schwer leidende Frau wie Frau A., deren Schönheit absichtlich zerstört wurde, könnte das etwa bedeuten, dass wir behilflich wären, dass sie ihren überwältigenden Schmerz überhaupt anerkennen kann. Es gibt viele Menschen, die sich eher dafür geißeln, dass sie Schmerz empfinden. Schmerz zulassen macht auch erneut verletzlich. Das gilt auch für Mitgefühl bzw. Mitgefühl für sich selbst. Wir müssen also als Begleitende damit rechnen, dass mitfühlende Angebote sogar zurückgewiesen werden, und wir sollten Geduld haben. Für diese Arbeit braucht es also eine feinfühlige Einstimmung. Feinfühlige Antworten zu geben auf Erfahrungen, die unsere Vorstellungskraft übersteigen, kann schwierig sein, sodass es oft lange Zeit darum gehen muss zu vermitteln: Ich bin da, ich bin mit Ihnen, und bei dem zu bleiben, was die Patientin einbringt. Wir sollten das, was schwer Verletzte von sich aus ins Gespräch einbringen, als ein ungewöhnliches Geschenk betrachten, das wir auf jeden Fall wertschätzen. Jedoch sollten wir es nicht analysieren, und das heißt häufig Verzicht auf Deutung!

Ein wichtiges Buch wurde für uns »Der Überlebende« von Terrence Des Pres[35]. Er hat darauf hingewiesen, dass wir Überlebensstrategien von Menschen, die versucht haben, »mitten im Tod weiterzuleben«, respektieren müssen und uns jeder Deutung enthalten sollten. Arno Gruen[36] meint, es könnten in Psychotherapien mit Überlebenden von Folter und vergleichbaren Erfahrungen Situationen entstehen, die von Fehleinstimmungen gekennzeichnet sind. So kann es sehr wichtig sein, dass wir es vor uns selbst anerkennen sollten, wenn uns eine bestimmte Erfahrung fehlt. Es kann dann nur

35 Des Pres, T. (2008): Der Überlebende, Klett-Cotta
36 Gruen, A. (2008): Nachwort zu »Der Überlebende«

darum gehen, die Patientin/den Patienten zu begleiten und ggf. auch zu ermitteln: Ich bin mit Ihnen, aber ich habe diese Erfahrung nicht gemacht und bin darauf angewiesen, dass Sie sie mir vermitteln, wenn Sie das möchten.

Hier ist es hilfreich, um das Prinzip von »rupture and repair«[37] zu wissen. Was bedeutet das? Aus Mitgefühl und die Würde von Leiden achtend, sollten wir bereit sein einzugestehen, dass wir nicht verstanden haben, vielleicht sogar verletzend gewesen sind, und unser Bedauern zum Ausdruck bringen, sodass der Bruch in der Beziehung geheilt werden kann. Ohne Mitgefühl besteht die Gefahr von rechthaberischen Interventionen, durch die sich Patienten verletzt fühlen können.

Beziehungen müssen wachsen dürfen, sie sind nicht immer naturwüchsig vorhanden. Mit unserem heutigen Wissen über Bindung wird deutlicher, dass wir uns mit extrem traumatisierten Patienten um Sicherheitserleben in der therapeutischen Beziehung bemühen müssen.

Die Wirkung einer gelungenen Intervention lässt sich daran erkennen, dass Patienten erleben können, mehr Kontrolle über ihr Leben im Äußeren wie im Inneren zu haben. Ohne dass wir uns individuell auf den einzelnen Menschen und ihre oder seine Geschichte einstellen, wird sich eine schwer traumatisierte Person mit uns nicht sicher fühlen können. Wesentlich ist, dass wir uns bemühen, die Würde einer Patientin/eines Patienten nicht zu verletzen; und wenn dies unabsichtlich doch geschehen sollte, unser Bedauern zum Ausdruck zu bringen.

Darüber hinaus ist es für Patienten wichtig, wenn wir ihnen vermitteln, dass wir noch andere Menschen kennen, die Ähnliches durchgemacht haben wie sie und ähnliche Beschwerden haben wie sie. Es ist hilfreich, wenn wir vermitteln, dass zumindest Linderung möglich ist, und wenn wir das ausstrahlen.

Psychotherapie mit schwer verletzten Menschen kann nur tastend

37 Safran, J. D., Muran, J. C., Eubanks-Carter, C. (2011): Repairing Alliance Ruptures in: Psychotherapy 2011, Vol. 48, No. 1, 80–87

sein. Es gehört dazu die Einsicht, dass nicht jede Wunde vollständig heilen kann, dass es nicht für alles Lösungen gibt und nicht alles gemeistert werden kann, sondern dass wir manchmal auch mit schlecht heilenden Wunden und mit Narben weiterleben müssen und auch können. Wir sollten nicht vergessen, nach Momenten zu fragen, in denen die Wunde weniger schmerzt. Darauf gibt es manchmal erstaunliche Antworten, die wir niemals erhalten werden, wenn wir uns nicht trauen, im geeigneten Moment nach Ausnahmen vom Leid zu fragen. Es kommt nämlich manchmal zum Vorschein, dass der leidende Mensch sich auch freuen kann. Es ist gut, gemeinsam zu versuchen zu verstehen, wie er/sie das schafft. Aber wir sollten auf die Beantwortung der Frage verzichten können, wenn die Patientin/der Patient zum Ausdruck bringen, dass sie damit nichts anfangen können oder auch wollen.

Wir sind bei Extremtraumatisierungen durch Flucht, Folter usw. mit einer anderen Dimension von Lebensbedrohung durch Gewalt befasst als bei Patienten, die wir sonst begleiten. Vielleicht fällt es uns schwer, uns das überhaupt vorzustellen, was uns möglicherweise z. B. die Begegnung mit Geflüchteten erschweren kann.

Nicht alle, aber doch einige unserer Patienten haben Erfahrungen gemacht, die vergleichbar sind mit denen von Konzentrationslagern. In einer Welt, in der mit jedem Sterben das Böse triumphiert, war es auch als heroische Lösung eines unlösbaren Konflikts sinnlos, sein Leben zu opfern. In seinem öffentlichen Verhalten unterwirft sich der Überlebende dem Diktat des Todes, doch im Geheimen widersetzt er sich diesem. Diese Dualität des Verhaltens als Agieren auf unterschiedlichen Ebenen ist ein typisches Merkmal der Existenz im Extremen – und in jedem System, das seine Mitglieder durch Gewalt und Bedrohung ausschließlich auf seine Funktion zu reduzieren versucht. All dies von Des Pres so meisterlich Beschriebene wird auch in den Berichten vieler Geflüchteter deutlich[38].

Ervin Goffman[39] spricht in seinem Buch »Asyle« von »sekundärer

38 Des Pres, T. (2008): Der Überlebende – Anatomie der Todeslager. Klett-Cotta
39 Goffman, E. (1973): Asyle, Suhrkamp

Anpassung«. Sekundäre Anpassung stellt eine Möglichkeit dar, wie das Individuum sich der Rolle entziehen kann, welche die Institution für selbstverständlich erachtet.

Wir können die Spaltungstendenzen von Menschen, die schwere, lang anhaltende Traumatisierungen durchgemacht haben, unter diesem Aspekt betrachten und die »sekundäre Anpassung« als eine dem Leben dienende Leistung würdigen. Es ist wichtig, dass wir durch das, was wir sagen, durch Kommentare und Deutungen nicht weitere Verletzungen zufügen, sondern den Überlebenswunsch würdigen.

In unseren Fallbeispielen wurde deutlich, dass es um unsere Präsenz geht, auch um Aushalten: die eigene Ratlosigkeit, die ja auch die Ratlosigkeit der Klienten spiegelt. Und immer der tiefe Respekt vor der Würde der anderen Person. Des Weiteren geht es um ein mitmenschliches Beantwortetwerden, wie es z. B. von Rogers und von der relationalen Psychoanalyse empfohlen wird. Wir meinen ergänzend, dass wir nicht vergessen sollten, auch kleinste Hinweise auf ressourcenvolles Verhalten aufzugreifen und aufzuzeigen, weil Betroffene das oft gar nicht bemerken und würdigen.

KAPITEL 14

Blick zurück nach vorn: Wie sich die Folgen von Zweitem Weltkrieg, Flucht und Vertreibung in der Gegenwart auswirken

Luise Reddemann

Michael Ermann sagt, »dass ein jeder Krieg, egal zwischen wem und wo er stattfindet, immer ein generationenübergreifendes, psychosoziales Inferno darstellt: Überall auf der Welt zerbrechen Kriegstraumatisierungen die Seelen – die Seelen der Großeltern, der Eltern und der Kinder … Krieg hat … überall die gleichen Wirkungen und Folgen. Er schlägt unheilbare Wunden. Und weil das Leben an ihnen zerbrechen kann, darf er kein Mittel der Politik sein[40]«.

Es erscheint uns wichtig, unsere eigene deutsche Geschichte besser zu verstehen, um Verständnis zu entwickeln, woran es liegen könnte, dass Migrantinnen und Migranten aus anderen Ländern oft so viel Kaltherzigkeit vonseiten vor allem der staatlichen Stellen entgegengebracht wird, denn staatliche Stellen werden von Menschen vertreten, Menschen, die eine Geschichte haben und eine Familiengeschichte. Dazu ist in erster Linie von Bedeutung, die Beachtung verfassungsgemäßer Rechte aller zu kennen. An erster Stelle steht für alle der Respekt vor der Würde.

40 Ermann, M. (2004): Wir Kriegskinder. Forum Psychoanal 2004. 20: 226–239, S. 239

Heute sind es vor allem die sogenannten Kriegsenkel, die – so unsere These – den Flüchtenden mit Ablehnung und Verachtung begegnen, weil sie mit der eigenen Familiengeschichte nicht im Reinen sind.

Nicht akzeptiertes und nicht integriertes Vergangenes kann Gegenwärtigsein extrem behindern. Es geht darum, nicht nur zu wissen, sondern auch sich erschüttern zu lassen, um zu trauern und die Vergangenheit zu akzeptieren, wie sie war, um schließlich offen sein zu können für die Herausforderungen der Gegenwart, insbesondere dafür Verantwortung zu übernehmen. Und immer auch den Überlebens- und Lebenswillen Betroffener zu achten und zu benennen.

Äußere Erfahrungen hinterlassen ihren Niederschlag im Inneren und werden auf sehr unterschiedliche Weise »metabolisiert« und verarbeitet. So hat sich in den letzten etwa fünfzehn Jahren die Einsicht entwickelt, dass es für das Gelingen einer Psychotherapie auch und gerade mit Geflüchteten der Jetztzeit wichtig sein kann, immer wieder die historischen und gesellschaftlichen Gegebenheiten, insbesondere die kriegsbedingten, sowie Flucht und Vertreibung zu berücksichtigen; auch bei der nächsten Generation, die ja nur noch indirekt betroffen ist, was die damaligen Geschehnisse angeht, aber direkt, was die Konfrontation mit den belasteten Eltern angeht. So gibt es z. B. Kinder von aus dem ehemaligen Jugoslawien Geflüchteten, die bereits in Deutschland geboren wurden und bei denen doch deutliche Zeichen von transgenerationaler Weitergabe von Traumata erkennbar sind.

Es lässt sich heute zeigen, dass die deutsche Problematik gerade in ihren transgenerationalen Aspekten durch komplexe Herausforderungen gekennzeichnet ist, einerseits die Notwendigkeit und Schwierigkeit mit der Erinnerung an die Beteiligung an einem verbrecherischen Vernichtungskrieg umzugehen, andererseits auch das Leid all derer, die unter dem NS-System und dem Krieg zu leiden hatten, wahrzunehmen und zu integrieren. Und heute kommen zu uns zum Teil Menschen, die in kriegerische Handlungen verwickelt waren und möglicherweise Schuld auf sich geladen haben, die aber gleichzeitig Opfer von Krieg und Vertreibung waren.

Nicht wenige Menschen, die nach Krieg und Vertreibung geboren wurden, sind nicht ausreichend über die Geschichte ihrer Eltern und Großeltern und die Geschichte des 20. und 21. Jahrhunderts informiert. Traumatische Erfahrungen des Krieges und von Flucht und Vertreibung könnten dazu geführt haben, dass nicht nur diese dem Vergessen anheimfielen, sondern auch alles, was damit zusammenhängt.

Scham kann ebenfalls dazu beigetragen haben oder beitragen. Junge Leute sagen: »Meine Oma, mein Opa haben schlimme Dinge im Krieg erlebt, aber sie haben darüber nicht gesprochen.« Und manchmal lässt sich ein Unausgesprochenes »ich möchte es lieber auch nicht so genau wissen« heraushören.

Wir meinen daher, dass es in Psychotherapien um individuelle Lebensläufe im Kontext gesellschaftlicher und historischer Zusammenhänge gehen sollte. Wir halten es für bedeutsam, dass derlei Auseinandersetzung bei den Therapeutinnen selbst und ihrer eigenen Familiengeschichte beginnen sollte, nicht zuletzt, um Patienten angemessen begleiten zu können.

Nehmen wir an, es käme ein Mann zwischen 40 und 50 Jahren in Therapie. Er klagt über Angstzustände, körperliche Beschwerden, allgemeine Unsicherheit und großes Misstrauen. Vielleicht wäre Letzteres ein Hinweis auf traumatische Erfahrungen. Aber wer würde sich als Erstes die Frage stellen, ob es sich hier möglicherweise um die Übernahme von Problemen der Elterngeneration handelt? Es gilt, daran zu denken und entsprechend anteilnehmende anamnestische Fragen zu stellen, um im weiteren Verlauf der Behandlung gegebenenfalls damit arbeiten zu können.

Nehmen wir an, es käme eine Patientin in die Praxis, Anfang 70. Sie leide seit Kurzem wieder einmal unter massiven Schlafstörungen, sei unkonzentriert, und immer wieder habe sie Panikattacken. Depressionen kenne sie schon ihr ganzes Leben. Dann sprudelt es nur so aus ihr heraus: Ihre Eltern seien Nationalsozialisten gewesen, ihr Ideal Härte. Diese Patientinnen gehören zu einer Generation, die, größtenteils anders als die vorige, der Psychotherapie nicht gänzlich ablehnend gegenübersteht; daher könnten sie, so die

Annahme, noch immer in Psychotherapie kommen und davon profitieren.[41]

Psychotherapien sind zeitgebunden und konzentrieren sich auf Themen, die zu einem gegebenen Zeitpunkt als relevant betrachtet werden. Und das kann sich im Lauf der Zeit erheblich verändern!

Was hierzulande fast immer noch zu fehlen scheint, sind ausreichende und tief greifende Trauerprozesse in Bezug auf NS-Zeit und den Zweiten Weltkrieg, und das hat Folgen für unser Verständnis der jetzt zu uns kommenden Geflüchteten.

Es wäre wünschenswert, dass wir uns an vielen Orten gemeinsame Momente des Innehaltens gestatten, vielleicht den Beginn eines kollektiven Trauerns, das uns nottäte. Trauer als ein Prozess des Akzeptierens dessen, was war und nicht mehr zu ändern ist, des Schlimmen genauso wie des Guten, woraus ein aufrichtiges Ja zum Leben jetzt resultieren kann, eine Bereitschaft, hinzusehen und sich zu engagieren statt zu resignieren. Dieser unser eigener Trauerprozess erscheint gerade jetzt angesichts der sogenannten Flüchtlingskrise besonders wichtig.

Es geht daher darum, die Erinnerung wachzuhalten, achtsam zu sein für die Folgen jener Zeit und im Hinblick auf aktuelle Herausforderungen, lebensfeindliche Tendenzen in uns selbst und in unserer Umgebung zu erkennen, und wenn wir Eigenes auf Geflüchtete projizieren.

In der Arbeit mit Kindern von NS-Tätern begegnen wir z. B. häufig einer ausgeprägten nicht angemessenen Schuldthematik. Es sei daran erinnert, dass es häufig vorkommt, dass Menschen sich »lieber« schuldig fühlen, statt sich mit ihrer Ohnmacht und Hilflosigkeit auseinanderzusetzen. Projektionen von Schuldthemen und abgewehrten Ohnmachtsgefühlen führen vermutlich sehr häufig zur Ablehnung von Geflüchteten, indem man ihnen Schuld zuweist, von ihren schlimmen Erfahrungen nichts hören will usw.

41 Siehe Reddemann, L. (2015): Kriegskinder und Kriegsenkel in der Psychotherapie. Klett-Cotta

Untaten der vorigen Generationen im Hinblick auf Gegenwart und Zukunft zu erkennen und zu benennen ist wichtig. Schuldgefühle ebenso wie deren Gegenteil, nämlich Bagatellisierung oder gar Verherrlichung sollten dahingehend untersucht werden, ob sie direkt etwas mit dem Leben derer zu tun haben können, die sich feindselig gegenüber Geflüchteten verhalten oder möglicherweise von der Eltern- und Großelterngeneration übernommen wurden. Es wird wenig gesehen: Ahnt oder erfährt ein Kind, dass sich seine Eltern schlecht oder gar verbrecherisch verhalten haben, erfährt es tiefe Ohnmacht und schmerzhaftes Schamerleben, dann also lieber nicht genau hinsehen und »lieber« Geflüchtete angreifen.

Schamgefühle im Hinblick auf das Handeln der Vorfahren sowie auf eigenes in der Vergangenheit sind häufig noch schmerzlicher und so schmerzlich, dass sie und alles, was damit zusammenhängt, nicht zur Sprache gebracht werden können.

Es sei daran erinnert: Um sich Erinnern und Einfühlung in Leidende erlauben zu können, braucht es ein gewisses Maß an äußerer und innerer Sicherheit. Inzwischen gibt es in unserem Land viele Menschen, die in Unsicherheit leben und dafür Sündenböcke suchen.

Mitgefühl bedeutet nicht, zu beschönigen und wegzuschauen, sondern zu betrauern, dass es war, wie es war, dass Vergangenes nicht verändert werden kann, und die diesbezügliche Ohnmacht zu ertragen und sich nicht zuletzt deshalb für eine hoffnungsvollere Gegenwart und Zukunft zu engagieren und Verantwortung zu übernehmen.

Es mag für Psychotherapeutinnen und andere Begleitende von Geflüchteten hilfreich sein zu wissen, dass Beschönigung und Wehleidigkeit kollektive Abwehrmechanismen nach dem Krieg waren und dass diese Art des Umgehens mit Geschichte bis heute nicht von allen beendet worden ist, sodass eine gewisse Wehleidigkeit im Umgang mit Geflüchteten nicht zu übersehen ist.

Es geht darum, all das, was die Forschung inzwischen belegt hat, zur Kenntnis zu nehmen; leider kann Genauigkeit schmerzhaft sein.

Manche betroffenen alten Patienten machen deutlich, dass sie über die belastenden Dinge aus ihrer Vergangenheit nicht sprechen, ja nicht einmal darüber nachdenken möchten. Hier mag es hilfreich sein, sich klarzumachen, dass es früher, also besonders in jüngeren Jahren der heute alten Menschen, die Regel war, dass man über Belastendes nicht sprechen sollte, während heute gilt, dass es gut ist, wenn man über schlimme Dinge spricht. Auch Menschen aus anderen Kulturen gehen mit schmerzhaften Erinnerungen oft anders um, als wir es inzwischen gewöhnt sind.

Andererseits gibt es auch Menschen, die ein Leben lang darunter gelitten haben, dass sie Belastendes niemals aussprechen konnten. Wenn Menschen signalisieren, dass sie etwas, was sie noch nie erzählt haben, erzählen möchten, sollte es möglich sein, hierfür Raum zur Verfügung zu stellen und ggf. behilflich zu sein, mit diesen Erinnerungen umzugehen.

Es gibt auch die diejenigen, die ihr Leben lang von den schlimmen Erfahrungen auf die eine oder andere Weise geplagt wurden, die am Ende ihrer Kräfte sind, weil z. B. eben noch andere altersbedingte Belastungen dazukommen. Hier können traumatherapeutische Interventionen gefragt sein.

Es sei auch daran erinnert, dass Menschen, die als Kinder den Zweiten Weltkrieg, Flucht und Vertreibung erlebt haben, z. B. beim ersten Golfkrieg zum Teil mit für sie kaum nachvollziehbaren Ängsten zu tun hatten, die sich im Laufe der Jahre durch die danach folgenden Kriege verstärkt haben können. Und sich inzwischen noch einmal durch immer mehr näher rückenden Terror und die hier ankommenden Flüchtlinge verstärken können. Die betreffenden Personen wussten manchmal sogar, dass ihre Ängste einen unrealistischen Kern hatten, was aber nicht half. Erst die Verknüpfung mit Kriegserfahrungen im Zweiten Weltkrieg und der NS-Zeit mit den aktuellen Erfahrungen und Ängsten bringt Erleichterung durch Verstehen. Nicht wenige dieser Betroffenen scheinen sich gegen aufkommende Erinnerungen zu schützen versuchen, indem sie vom Schicksal der Flüchtlinge nichts wissen wollen und auf sie mit Ablehnung reagieren.

Kriegs- und Vertreibungserfahrungen von Kriegskindern können mit sehr belasteten Bindungserfahrungen verbunden sein, wie z. B. frühen Verlusten naher Bezugspersonen und leider auch mit Erfahrungen von sexualisierter Gewalt, Gewalt und Vernachlässigung in der Familie.

Verletzungen der Seele heilen nach allem, was man jetzt weiß, am besten durch mitmenschliche Zuwendung, Verständnis, Anerkennung des Leidens und Trost und Hilfe beim Bewusstmachen vorhandener Ressourcen. Also nicht in erster Linie durch Psychotherapie, das sei betont. Wurde ein Mensch seelisch verletzt und kann er davon nicht genesen, hat das viel damit zu tun, dass ein Trost- und Heilungsprozess nicht stattfand. Man stelle sich ein Kind im Krieg vor, dessen ganze Umgebung ebenfalls traumatisiert ist: Da kommen Trost und Verständnis zu kurz. Auch im Prinzip bemühte Eltern können durch das Kriegsgeschehen selbst so traumatisiert gewesen sein, dass ihre Fähigkeit, angemessen mit – vor allem – kleinen Kindern umzugehen, versagte. Das verletzte, ungetröstete Kind lebt im Selbst weiter. Allerdings oft abgekapselt, sodass es über lange Zeit gar nicht bemerkt wird und es gewisser Auslösereize, z. B. eine Berichterstattung im Fernsehen über einen Krieg oder terroristische Handlungen, bedarf, dass dieser verletzte Teil wahrgenommen werden kann bzw. sich mit aller Macht ins Bewusstsein drängt!

Es gibt Gemeinsamkeiten in einer Psychotherapie eines heute erwachsenen oder gar alten »Kriegskindes« und Geflüchteten:

1. Wir sollten uns fragen, was möchte die Patientin/der Patient sich erarbeiten? Für manche genügt eine auf einige Belastungen fokussierte Behandlung, andere brauchen ein längerfristiges Vorgehen. Bei komplexen Belastungen über Jahre kann die Fokussierung auf einige wenige Belastungen sogar kontraproduktiv sein. Manche benötigen eine längerfristige Erfahrung in einer haltgebenden Beziehung, die neue Bindungserfahrungen ermöglicht.
2. Kompetenzen und Ressourcen sollten so bald als möglich erkundet und benannt werden. Dabei ist
3. gerade von jüngeren Behandlern auch ein Respekt gegenüber den Lösungsmöglichkeiten alter Patienten geboten, die vielleicht nicht

den Vorstellungen des jüngeren Menschen entsprechen. Sie sollten daran denken, dass und in welchem Umfang in den 40er-, 50er-Jahren »die Welt anders aussah« als heute und: dass die Welt dort, wo die Geflüchteten herkommen, eben auch oft anders aussieht als die uns hier vertraute. Neugier und Offenheit aus Sicht der Patienten etwas zu erfahren, können sehr hilfreich sein.

Klaus Ottomeyer hat die Dynamik sehr eindrucksvoll auf den Punkt gebracht: »Überhaupt können wir gegenüber dem Trauma, wie gegenüber dem Tod im Allgemeinen, kaum anders, als entweder zu wenig oder zu viel reden. Im ersten Fall lassen wir uns von der todesartigen Erstarrung und dem Verstummen der Opfer anstecken, im zweiten versuchen wir sie wegzureden, durch eine Form der Überlebendigkeit vom Tod abzulenken[42].«

Es braucht zunächst Mitgefühl für den Schmerz der Patientinnen. Erst danach sollten die individuellen und Familiengeschichten und die historischen Gegebenheiten betrachtet werden, und die Person von heute, die hoffentlich hier in relativer Sicherheit lebt, kann ihre Schlüsse ziehen und ihrer Verantwortung im Hier und Jetzt nachkommen.

74 Jahre nach Ende des Zweiten Weltkriegs sollten wir in der Lage sein, genauer hinzusehen und Verallgemeinerungen eher zu hinterfragen. Die Verarbeitungs- und Abwehrprozesse sind vielfältig; andererseits lassen sich bestimmte Verhaltensweisen als weit verbreitet erkennen, Abwehrmechanismen ebenso wie teils verzweifelte Versuche des Sicherinnerns und Gedenkens, des Akzeptierens und Bemühungen um Vergebung und Verzeihung. Es sollte nicht um Pauschalurteile, die früher einen Sinn gehabt haben mögen, gehen, sondern um differenziertes Hinschauen auf den Einzelnen und dessen Einbettung in Familie und sein größeres Umfeld.

Wir können so gut wie möglich dazu beitragen, dass Menschen

42 Ottomeyer, K. (1997): Kriegstrauma, Identität und Vorurteil. Mirzadas Geschichte und Ein Brief an Sieglinde Tschabuschnig, Klagenfurt, Drava Verlag, S. 15–16

sich selbst und ihre Familiengeschichte akzeptieren, damit Kräfte frei werden, die Mut, Gerechtigkeitssinn und Engagement stärken.

Hier noch einige Gedanken zum kollektiven Schweigen aus psychodynamischer Sicht:

Das Schweigen der Eltern wurde auch bei allem Protest der 68er verinnerlicht. Elternintrojekte sind mächtig, das entspricht meiner persönlichen Erfahrung sowie der durch meine Arbeit gewonnenen. Schweigegebote – wie andere Gebote – werden unbewusst verinnerlicht, insbesondere dann, wenn die Gefahr droht, die Eltern sonst – zumindest innerlich – zu verlieren. Das kann sich ein Kind nicht leisten. Insoweit hat diese Verinnerlichung die Kriegskinder geschützt. Erst als Erwachsene hätten sie fragen können, und manche haben es zumindest versucht, jedoch hatte das Verinnerlichte da bereits die Macht, sie an genauer Nachfrage zu hindern[43].

In beinahe jeder Therapie von Kriegskindern ist eine Auseinandersetzung mit den Eltern im Sinne einer Entidealisierung wichtig. Die Idealisierung ist bei Alten, die zu den »68ern« gehörten, oft nicht bewusst und kann sich hinter Ärger und Verachtung verbergen. Übertragungskonstellationen sind zu beachten, die Jüngere herausfordern, ihre eigene Elternübertragung auf die heute Betroffenen zu erkennen, therapeutisch einzuordnen und zu nutzen.

Es wird davon gesprochen, dass die Kriegskindergeneration das Gefühl des Gutseins als Deutscher oder Deutsche verloren habe. Das mag sein, jedoch geht es noch um mehr: Es geht um eine tiefe Erschütterung der Identität als Mensch und über das Menschenmögliche. Wer das nicht wahrnehmen kann oder will, mag die Verachtung auf andere projizieren.

Wichtig ist, davon auszugehen und es zu akzeptieren, dass kollektiv erfahrene Traumata noch viel länger Zeit zu brauchen scheinen als individuell erfahrene, um angemessen betrachtet und betrauert werden zu können. Und was wir inzwischen über die deutschen

---

43 Das hat neuerdings die Historikerin Christina von Hodenberg in ihrem wichtigen Buch »Das andere Achtundsechzig« gezeigt. Sie vertritt die Auffassung, dass in den Familien relativ wenige Auseinandersetzungen stattgefunden hätten.

»Kriegskinder« wissen, mag in ähnlicher Weise auch für Menschen, die heute zu uns kommen, gelten. Wir sollten das mehr zu sehen bereit sein.

Tragisch ist, dass die Kriegskindergeneration ihre Verunsicherung teilweise an ihre Kinder, die heute sogenannten Kriegsenkel, weitergegeben hat. So wie Kriegskinder immer wieder mit Anzeichen der Verwundungen und Aggressionen der Eltern konfrontiert waren, ohne diese einordnen zu können, haben sie selbst überwiegend unbewusst ihre Verwirrung weitergegeben. Und Ähnliches kann auch über die Nachkriegskinder gesagt werden, die von ihren teilweise jungen Eltern extrem belastet und überfordert wurden. Und schließlich drängen sich diese Überlegungen auch in Bezug auf die jetzigen Kriegsflüchtlinge auf.

Kriegsenkel haben keine Kriegs-Traumata, aber als Kinder durch die belasteten Kriegskindereltern möglicherweise nicht genügend Lebenssicherheit erfahren. Und die belasteten Eltern können sich traumatisierend auf ihre Kinder ausgewirkt haben, selbst wenn sie das keinesfalls beabsichtigten. Können kriegstraumatisierte Eltern die Probleme ihrer Kinder überhaupt mitbekommen? Oder machen sie sich andererseits vielleicht zu viele Sorgen um ihre Kinder, wollen nicht, dass die Kinder Ähnliches erfahren wie sie selbst, und hindern sie gerade dadurch am Leben? Meist sogar unbewusst.

Noch ein Wort zu den Nachkriegskindern: Vieles, was zu Kriegskindern oder Kriegsenkeln gesagt werden kann, passt auch auf diese Generation. Vor allem die durch Kriegshandlungen traumatisierten Väter waren durch ihre große Gewaltbereitschaft ein Problem für die Kinder. Es ist die Rede von der »geprügelten Generation«. Die Eltern der später Geborenen waren teilweise ältere Kriegskinder und belasteten ihre Kinder auf ähnliche Art, wie ich es für die Kriegsenkel beschrieben habe.

Es sei betont, dass das hier Beschriebene dazu dienen sollte, genauer hinzuhören. Es ist jedoch immer zu bedenken, dass jeder Mensch neben dem, was hier beschrieben wird, eine sehr individuelle Geschichte, individuelle Belastungen und Verarbeitungsmöglichkeiten mitbringt, auf die jeweils einzugehen wichtig ist.

Jetzt komme ich zu einem Thema, das »der Flüchtling in uns« genannt werden kann – auch dies ein Thema transgenerationaler *Weitergabe nämlich von Vertreibungs- und Fluchterfahrungen* und daraus resultierend einige Fragen zum Umgang mit Geflüchteten:

Seitdem Flüchtlinge in großer Zahl nach Deutschland kommen, ist zu beobachten, dass einerseits viele Menschen große Hilfsbereitschaft zeigen und es andererseits eine massive Ablehnung bis hin zu Diskriminierungen gibt. Das kann verschiedene Ursachen haben, ich (L. R.) bin mir inzwischen sicher, dass beide Phänomene auch mit Erfahrungen aus unserer eigenen Geschichte zu tun haben. Freud hat das als »Wiederkehr des Verdrängten« bezeichnet. Häufig zeigt sich dieses Verdrängte als Projektion auf andere, die man mit Hass verfolgt.

Flucht und Vertreibung sowie Ankunft dort, wo man unerwünscht war, waren ab dem Kriegsende 1945 für 12 bis 14 Millionen deutsche Menschen Realität.

Alles, was aus dieser Zeit nicht verarbeitet und vor allem nicht betrauert ist, kann sich niederschlagen im Umgang mit Geflüchteten heute aus anderen Ländern, die jetzt hilfesuchend zu uns kommen. Solange Menschen kein Mitgefühl mit sich und ihren Vorfahren haben, dürfte es schwierig sein, für andere Mitgefühl zu entwickeln, vor allem wenn Ressentiment tief im Unbewussten verborgen ist.

Ich erinnere noch einmal an die weiter oben angebotene Imagination: Sie sind gezwungen, Ihre Heimat kriegsbedingt zu verlassen. Sie können nur mitnehmen, was Sie auf dem Leib tragen; nach langer, beschwerlicher und teils lebensbedrohlicher Flucht kommen Sie in einem Land an, von dem Sie hoffen, wieder ein Zuhause zu finden, denn dort leben Menschen, die ihre Heimat nicht verloren haben, sondern in Frieden leben. Sie hoffen, freundlich und verständnisvoll aufgenommen zu werden und Mitgefühl und Gastrecht zu erfahren. Doch weit gefehlt. Man begegnet Ihnen mit großem Misstrauen, man lässt Sie spüren, dass Sie unerwünscht sind, dass man in Ihnen einen minderwertigen Menschen sieht, der zu Recht seine Heimat verloren hat. Wie würden Sie sich fühlen, wenn Ihnen solches widerfahren würde, wenn Sie erleben müssten, dass Jahr um

Jahr sich nichts ändert und sogar Ihre Kinder, die bereits dort geboren werden, wo Sie versuchen, eine neue Heimat zu finden, immer noch als Fremde, als Unerwünschte, Minderwertige behandelt werden?

Würden Sie darum kämpfen, dass Sie, sobald das möglich ist, wieder zurückkönnen in die verlorene Heimat? Würden Sie resignieren? Würden Sie akzeptieren, dass Ihr Verlust und Ihr Schicksal mit dem Unrecht, das Angehörige Ihres Volkes anderen angetan haben, zusammenhängen? Würden Sie versuchen, sich dort, wo Sie jetzt sind, so gut anzupassen, dass in Vergessenheit gerät, woher Sie kommen und was Sie erlitten haben? Welche anderen Wege würden Sie beschreiten, um mit dem, was Sie durchgemacht haben, fertig zu werden? Und wie würden Sie sich fühlen, wenn schließlich jemand von Ihnen Genaueres wissen wollte? Würden Sie schweigen wollen und meinen, man solle um Himmels willen diese alten Geschichten in Ruhe lassen, oder erleichtert beginnen, über das lange Unterdrückte zu sprechen?

Wie erwähnt ist dieses und Ähnliches hierzulande Millionen von Menschen widerfahren, und vieles spricht dafür, dass das immer noch nachwirkt, vor allem auch transgenerational und eben mit den Menschen, die jetzt als Geflüchtete zu uns kommen.

»Von rund 18 Millionen Reichsdeutschen in den Ostprovinzen des Reiches und ›Volksdeutschen‹ in den deutschen Siedlungsgebieten in Ost-, Ostmittel- und Südosteuropa waren in der Endphase des Krieges rund 14 Millionen in Richtung Westen geflüchtet oder nach dem Kriegsende vertrieben bzw. deportiert worden. Die Daten der Volkszählungen in West- und Ostdeutschland von 1950 lassen die Bilanz dieser millionenfachen Fluchtbewegungen und Vertreibungen deutlich werden. Knapp 12,5 Millionen Flüchtlinge und Vertriebene waren aus den nunmehr in polnischen und sowjetischen Besitz übergegangenen ehemaligen Ostgebieten des Deutschen Reiches und aus den Siedlungsgebieten der ›Volksdeutschen‹ in die Bundesrepublik und in die DDR gelangt; weitere 500 000 lebten in Österreich und anderen Ländern.

An die zwei Millionen Deutsche hatten Flucht, Vertreibungen

oder Deportationen nicht überlebt, etwa eine Million wurde in die UdSSR deportiert[44].«

De jure waren die Vertriebenen eingebürgert, da Deutsche, de facto waren sie es über lange Zeit nicht. Sie waren weitgehend unerwünscht. Es wäre eine sinnvolle Studie wert zu untersuchen, ob Menschen, die besonders feindselig mit Geflüchteten umgehen, hier eine eigene oder eine Familiengeschichte haben. Projektionen spielen mit Sicherheit eine große Rolle für diejenigen, die ihre (Familien-)Geschichte nicht verarbeitet und betrauert haben.

Die Geschichte der deutschen Vertriebenen ist leider auch eine von kalten Herzen und von der Unbarmherzigkeit derer, die nicht bereit waren zu teilen, nicht die Schuld, die man den Vertriebenen zuschob, und nicht die Güter, über die man verfügte und die die meisten Westdeutschen verteidigten, als gehe es dabei um Leben und Tod.

Es muss andererseits gesagt werden, dass die im Westen ansässige Bevölkerung zu Opfern gezwungen wurde. Damals mussten Westbürger teilweise ihre Wohnungen zur Verfügung stellen bzw. teilen, es gab als Zwangsabgabe den Lastenausgleich. Dieses Gesetz und seine Dauer waren etwas Erstaunliches, wovon wir und auch unsere Politiker einiges lernen könnten.

Uns erstaunt immer wieder, wie damals in den 40er- und 50er-Jahren diese Dinge bewältigt wurden. Nicht immer elegant, aber doch mit viel höherer Akzeptanz, insbesondere angesichts der zehnmal größeren Belastung damals und der Belastung der meisten Westdeutschen, wenn man schaut, wie bequem und sicher wir es haben.

Es geht um die Frage, wie die Erfahrungen der Vertriebenen in Deutschland nach 1945 sich unbewusst bis heute auswirken, z. B. auch in Fremdenfeindlichkeit und -freundlichkeit, und wir können uns fragen, was die Tatsache, dass mindestens 12 Millionen deutsche Menschen Migranten waren, für uns Heutige noch immer – vielleicht vor allem unbewusst – bedeutet.

---

44 Oltmer, J.: http://www.bpb.de/gesellschaft/migration/dossier-migration-ALT/56359/nach-dem-2-weltkrieg. Zugriff 23.6.2018

Wir erleben, dass heute schon bis in die 3. und 4. Generation teilweise immer noch so etwas wie Verunsicherung über die eigene Zukunft bestehen kann, und die Betroffenen wissen meist nicht, dass sie Fragen beschäftigen, die mit ihnen persönlich gar nichts mehr zu tun haben, sondern dass sie ein transgenerationales Erbe mit sich herumtragen, vielleicht sogar herumschleppen.

Es sollte uns heute möglich sein, eine differenzierte Betrachtungsweise für die Vergangenheit zu entwickeln, damit wir den Menschen, die heute in unser Land kommen, um Schutz zu suchen, gerecht werden können. Und vielleicht erst dann wird es vielen möglich sein, offenen Herzens auf die zuzugehen, die heute unsere Hilfe brauchen.

Trauerarbeit, Wiedergutmachung, Wiederbeschaffung von Verlorenem und Abwehr von Ohnmacht kann an die nächste und auch an die übernächste Generation quasi vererbt werden. Nicht thematisierte und nicht ausreichend bearbeitete Aspekte von Familienvergangenheit lösen sich nicht zwangsläufig durch größeren zeitlichen Abstand auf. Hinsichtlich dieser Sachverhalte haben sich Psychotherapeuten bis vor Kurzem ebenso an einer kollektiven Amnesie beteiligt wie ihre Patientinnen. Anfang der 60er-Jahre schien sich die Wissenschaft einig zu sein, dass die Folgen der Kriegs- und Nachkriegszeit endgültig überwunden seien. Erst seit wenigen Jahren ist hier ein verändertes Bild erkennbar und damit auch ein anderer Umgang mit unserer individuellen, familialen und kollektiven Vergangenheit.

Ein interessantes Beispiel ist der AfD-Politiker Herr Höcke, dessen Großeltern aus Ostpreußen vertrieben wurden. Höcke spricht, als sei er selbst vertrieben worden. Und, was eben auch bemerkenswert ist, ohne jedes Mitgefühl mit den Flüchtlingen, die jetzt zu uns kommen.

Mehr als 70 Prozent der Vertriebenen wurden in ländlichen Gebieten untergebracht, wo Kriegsschäden gering waren. Dies hatte zur Folge, dass die Erkenntnis, welche Verheerungen der Krieg angerichtet hatte und was die Vertriebenen durchgemacht hatten, der dort lebenden Bevölkerung gar nicht genügend bewusst war. So konnte man sich dann auch einreden, man sei an dem Schicksal der Vertriebenen nicht schuld, sondern nur diese selbst. Ähnliches geschieht heute.

Andere Folgen waren, dass sich in einigen Ländern die Einwohnerzahl verdoppelte, was die Not für alle vergrößerte. Ein anderes Problem waren die massiven kulturellen Brüche, die es zu verkraften galt: In zuvor katholischen Gegenden, wie etwa in Oberbayern, mussten protestantische Menschen integriert werden und umgekehrt in überwiegend protestantischen, wie etwa Schleswig-Holstein, katholische, was zu erheblichen Spannungen führte. Auch hier gibt es – längst verdrängte! – Parallelen.

Freundlich empfangen wurden die Flüchtlinge und Vertriebenen in der Regel nicht. Die Einheimischen waren ignorant, »jede Plage, jedes Vergehen kreidete man den Vertriebenen an: Sie hatten das Ungeziefer mitgebracht, sie waren verdächtig, wenn etwas gestohlen war. Dass Geschlechtskrankheiten und uneheliche Geburten zunahmen, auch dafür wurden sie verantwortlich gemacht, da diese Entwicklung mit ihrem Eintreffen einsetzte.« Die Flüchtlinge wurden beschimpft als »Flüchtlingsschweine, Polacken, Rucksackdeutsche, 40-kg-Zigeuner. Was fremd an ihnen wirkte, was als Abweichung von der eigenen Norm empfunden wurde, nutzte man, um sie herabzusetzen … Man nahm die Vertriebenen insgesamt als Unterschicht wahr, die in Baracken wohnte, ›faul und arbeitsscheu‹ war, ›dreckig‹, ›verlaust‹ und ›voller Flöhe‹[45].« »… die schließliche Rettung sah anders aus, als wir sie auf den langen Fahrten in Viehwaggons erträumt hatten … Wir saßen, gerettet, in einem ehemaligen Dienstbotenzimmer unter dem Dach und kuschelten uns in dem einen Bett zu dritt. Das war der einzige Platz auf der Welt, wo wir nicht froren … Schließlich gewöhnten wir uns an das neue Kältezittern, das sich an das Bombenzittern anschloss. Ich zitterte in der neuen Schulklasse, die auch nicht geheizt war, zusammen mit den anderen

45 Kossert, A. (2008): Kalte Heimat. Die Geschichte der deutschen Vertriebenen nach 1945. Berlin, Siedler Verlag S. 52/53

40 Kriegskindern in umgearbeiteten Tuchmänteln. Es wurde so zu meinem Lebensgefühl …[46]«

Im Klartext: »Millionen Heimatlose standen vor dem Nichts inmitten einer feindlich gesinnten Umwelt, die ihre Besitzstände zu wahren trachtete, und bei den Einheimischen breitete sich Fassungslosigkeit, ja Hysterie aus angesichts der Massen von Vertriebenen[47].«

Vertriebene hielten daher »unter dem Schutz von Maschinenpistolen Einzug«[48].

Kossert spricht vom »deutschen Rassismus gegen deutsche Vertriebene«. Aus dem Osten kam das »Gesochse«. »Flüchtlingspack« war ein oft zu hörender Ausdruck. Einheimische drangsalierten Flüchtlinge. Nur wenn diese sich bereitwillig in die Gesinderolle fügten, gestaltete sich das Zusammenleben halbwegs erträglich. Wenn älteren Flüchtlingen die Kraft zu einem Neuanfang fehlte, wurden sie für faul erklärt, jedoch »die Aufgeschlossenheit der Flüchtlinge wurde als Schwatzhaftigkeit, das Zeigen von Gefühlen als Mangel an Selbstbeherrschung, Höflichkeitsformen als Kriecherei ausgelegt«. Kurzum, die meisten wollten mit den Flüchtlingen nichts zu tun haben, und dabei halfen die hier beschriebenen Feindbilder, man wollte die Vertriebenen so schnell wie möglich los sein und nichts mit ihnen teilen müssen. Eine Angst vor »Überfremdung« kam noch dazu, die alte »Blut- und Bodenideologie« lebt hier weiter: … »Es ist die große Frage, ob wir gänzlich überfremdet werden oder ob es für uns gut ist, frisches Blut zu bekommen durch die Flüchtlinge. Ob dieses Blut rein ist, ist sehr die Frage[49].«

Hier lassen sich unschwer viele Parallelen zum aktuellen Umgang mit Geflüchteten erkennen!

Barackenlager für Vertriebene und Ausgebombte gab es noch viele Jahre nach Kriegsende. Die Frankfurter Allgemeine Zeitung

46 Hirdeis, I. (2006): Drei Geschichten, aus: Der erste Schultag. In: Janus, L.: Geboren im Krieg: Kindheitserfahrungen im 2. Weltkrieg und ihre Auswirkungen. Göttingen, Psychosozial Verlag, S. 21 f.

47 Kossert, S. 50

48 Kossert, S. 50

49 Kossert, S. 83 ff.

schrieb 1952 unter der Überschrift ›Der homo barackiensis! Das 20. Jahrhundert hat den Menschen eine furchtbare Wahrheit gelehrt: Fortschritt, Humanität und Selbstachtung gibt es nur in der intakten Welt. Wenn die Ordnung zerfällt, entsteht das Lager, das grauenvollste und grausamste Zeugnis menschlichen Unvermögens …‹«

In der alten Bundesrepublik standen 1950 für 16 Millionen Haushalte nur 10 Millionen Wohnungen zur Verfügung, sodass Pädagogen die »energische Förderung eines sozialen Wohnungsbaus« als Mittel gegen die Verwahrlosung der Jugend forderten. Auch wieder eine gewisse Parallele, auch wenn die Wohnungsnot heute andere Gründe hat!

Nach Beate Mitzscherlich ist »Heimat« mit bestimmten Grundbedürfnissen verbunden:

> »Das Bedürfnis nach sozialer Einbindung, Zugehörigkeit, Anerkennung, das Gefühl, einer Gemeinschaft zuzugehören, das Bedürfnis nach Gestaltung, Beeinflussung und Handlungsfähigkeit, es geht darum, Spuren zu hinterlassen, sich zu vergegenständlichen, sowie das Bedürfnis nach Sinnstiftung, Vertrautheit, einbettende Erzählungen.«[50]

Es ist offensichtlich, dass vieles nicht gegeben war, jedenfalls für weite Kreise der Bevölkerung nicht, und zwar sowohl für Flüchtlinge wie teilweise auch für die Ortsansässigen. Es war eine Zeit großer Verunsicherung, die nicht 1945 zu Ende war, sondern für viele erst begann. Nach allem, was ich weiß, herrschte bis etwa 1948 für viele Deutsche große Not. Und auch wenn diese Not selbstverschuldete Gründe hatte und von den Alliierten zunächst auch als gerechte Strafe gedacht war, waren das extrem traumatisierende Erfahrungen. Wie gut die verarbeitet wurden von den heute schon alten Kriegs-

50 Mitzscherlich, B. (2001): Die psychologische Notwendigkeit von Beheimatung in: Bucher, A., Gutenthaler, A. (2001): Heimat in einer globalisierten Welt, Wien, öbv u. hpt Verlag

und Nachkriegskindern und wie viel weitergegeben wurde, beginnen wir grade erst zu erkennen.

Wie ging es weiter?

Es gab einen hohen Preis, denn »das Glück« wurde erkauft mit einem Frieden mit den Tätern, sodass diese sozial, politisch und wirtschaftlich in den Jahren nach dem Krieg weitgehend integriert wurden. So entstand der Begriff der »zweiten Schuld der Deutschen«.

Diejenigen, die für einen tief greifenden Wandel warben, wie z. B. Karl Jaspers, wurden nicht gehört.

»Obwohl die Ankunft von 14 Millionen Vertriebenen die Nachkriegsgesellschaft grundlegend verändert hat, hat sie kaum Niederschlag im kollektiven örtlichen Gedächtnis gefunden«, schreibt Andreas Kossert, Jahrgang 1970.[51] Und wir haben vermutlich nicht genügend dadurch gelernt, was uns heute zugute kommen könnte und Ressentiments vermindern würde.

Es geht heute dringend darum, sich mit individueller und kollektiver Geschichte zu befassen, um sich mitfühlend der eigenen Geschichte bzw. der der Familienangehörigen zuzuwenden, die in den 40er-Jahren des letzten Jahrhunderts von Krieg, Vertreibung und Flucht betroffen waren. Hieraus kann sich, so ist unsere Hoffnung, auch Mitgefühl mit den heute davon aktuell Betroffenen entwickeln. Denn, wie schon erwähnt, nicht akzeptiertes und nicht integriertes Vergangenes kann Gegenwärtigsein sehr behindern.

51 Kossert, S. 343

Zitierte Literatur

Belz, M., Özkan, I. (2017). Psychotherapeutische Arbeit mit Migranten und Geflüchteten. Göttingen, Vandenhoeck & Ruprecht. Kapitel 5

Benedetti, F. (2011). The Patient's Brain: The neuroscience behind the doctor-patient relationship. Oxford, Oxford University Press

Des Pres, T. (2008). Der Überlebende. Anatomie der Todeslager. Stuttgart, Klett-Cotta

Frankl, V. E. (2007). Ärztliche Seelsorge. Grundlagen der Logotherapie und Existenzanalyse. München, Deutscher Taschenbuch Verlag

Ghaderi, C., van Keuk, E. (2017). Geflüchtete in der Psychotherapie – Heilung in einem politisierten Raum. In: Ghaderi, C., Eppenstein, T. (eds). Flüchtlinge. Springer VS, Wiesbaden DOI: https://doi.org/10.1007/978-3-658-15741-8_15

Goffman, E. (1973). Asyle, Frankfurt am Main, Suhrkamp

Gruen, A. (2008). Nachwort für Des Pres, T.: Der Überlebende, Stuttgart, Klett-Cotta

Heinrichs, H. J. (Hg.) (2018). Das Fremde verstehen. Gießen, Psychosozial Verlag

Hirdeis, I. (2006). Drei Geschichten, aus: Der erste Schultag. In: Janus, L.: Geboren im Krieg: Kindheitserfahrungen im 2. Weltkrieg und ihre Auswirkungen. Gießen, Psychosozial Verlag

Hodenberg, v. C. (2018). Das andere Achtundsechzig. Gesellschaftsgeschichte einer Revolte. München, C. H. Beck

https://www.aerzteblatt.de/nachrichten/98605/Fast-jeder-dritte-syrische-Fluechtling-psychisch-krank. Zugriff 30.10.18

Joksimovic, L., Kruse, J. (2017). Stabilisierende psychodynamische Traumatherapie für Flüchtlinge – ein Leitfaden für das therapeutische Vorgehen bei PTBS und Somatisierung. Psychotherapie Psychosomatik Medizinische Psychologie; 01:5–48

Kaster, S. D. (2018). Grenz-Erfahrungen – Existenzanalytische Psychotherapie mit Geflüchteten. In: Existenzanalyse 35/2. Wien, GLE

Kossert, A. (2008). Kalte Heimat. Die Geschichte der deutschen Vertriebenen nach 1945. Berlin, Siedler Verlag

Kotanyi, S. (2018). Einführung in die französische Ethnopsychiatrie. Gießen, Psychosozial Verlag

Längle, A. (1999). Was bewegt den Menschen? Die existentielle Motivation der Person. In: Existenzanalyse 16/3. Wien, GLE
Längle, A. (2006). Trauma und Sinn. Wider den Verlust der Menschenwürde. In: Existenzanalyse 23/1. Wien, GLE
Mitzscherlich, B. (2001). Die psychologische Notwendigkeit von Beheimatung. In: Bucher, A., Gutenthaler, A. (2001). Heimat in einer globalisierten Welt. Wien, öbv u. hpt Verlag
Ottomeyer, K. (1997). Kriegstrauma, Identität und Vorurteil. Mirzadas Geschichte und Ein Brief an Sieglinde Tschabuschnig. Klagenfurt, Drava Verlag
Perez-Reverte, A. (2015). Das Geheimnis der schwarzen Dame. Frankfurt, Insel
Reddemann, L. (2004). Eine Reise von 1000 Meilen beginnt mit dem ersten Schritt. Freiburg im Breisgau, Herder
Reddemann, L. (2011). Psychodynamisch imaginative Traumatherapie. Das Manual. Stuttgart, Klett-Cotta, 9. Auflage 2017
Reddemann, L. (2015). Kriegskinder und Kriegsenkel in der Psychotherapie. Stuttgart, Klett-Cotta, 5. Auflage 2018
Reddemann, L., Wetzel, S. (2017). Mögen alle Wesen glücklich sein: Mitgefühl und Gerechtigkeit neu entdecken. Stuttgart, Patmos
Schröder, M., Joksimovic, L. (2017). Institutionelle Einflüsse auf die psychotherapeutische Arbeit mit geflohenen Menschen. In: Borcsa, M., Nikendei, C. (Hrsg.). Psychotherapie nach Flucht und Vertreibung: Eine praxisorientierte und interprofessionelle Perspektive auf die Hilfe für Flüchtlinge. Georg Thieme Verlag, 2017; pp 65–72
Steinkamp, H. (2008). Compassion als diakonische Basiskompetenz. In: Arbeitspapiere aus der Evangelischen Fachhochschule Darmstadt, Nr. 10. Juni 2008
Treichel, H.-U. (1998). Von Leib und Seele. Frankfurt am Main, Suhrkamp
Wampold, B. E., Imel, Z. E. (2015). The Great Psychotherapy Debate: The Evidence for What Makes Psychotherapy Work (Counseling and Psychotherapy) 2nd Edition. London, New York, Routledge
Ziegler, J. (2015). Ändere die Welt. München, Bertelsmann

Weitere Literaturempfehlungen

Ärztliche Psychotherapie (2018). Heft 2: Flucht, Migration und transkultureller Raum. Stuttgart, Schattauer Verlag
Bundesweite Arbeitsgemeinschaft der psychosozialen Zentren für Flüchtlinge und Folteropfer (Hrsg.). Was hilft? Geflüchtete sprechen über ihre Erfahrungen mit Psychotherapie
Brisch, K. H. (Hrsg.) (2016). Bindung und Migration. Stuttgart, Klett-Cotta
Dabić, M. (2017). Reibungsverluste. Wien, Edition Atelier

Feldmann Jr., R. E., Seidler, G. H. (Hrsg.) (2013). Trauma(a) Migration. Aktuelle Konzepte zur Therapie traumatisierter Flüchtlinge und Folteropfer. Gießen, Psychosozial-Verlag

Frankl, V. E. (2008). … trotzdem Ja zum Leben sagen. Ein Psychologe erlebt das Konzentrationslager. München, Deutscher Taschenbuch Verlag

Herman, J. (2014). Die Narben der Gewalt. Traumatische Erfahrungen verstehen und überwinden. Paderborn, Junfermann Verlag

Huber, M. (2009). Trauma und die Folgen. Trauma und Traumabehandlung, Teil 1. Paderborn, Junfermann Verlag

Huber, M. (2010). Der innere Garten. Ein achtsamer Weg zur persönlichen Veränderung. Paderborn, Junfermann Verlag

Machleidt, A. (2013). Migration, Kultur und psychische Gesundheit: Dem Fremden begegnen. Stuttgart, Kohlhammer Verlag

Mlodoch, K. (2017). Gewalt, Flucht – Trauma?: Grundlagen und Kontroversen der psychologischen Traumaforschung. Göttingen, Vandenhoeck & Ruprecht

Ottomeyer, K. (2011). Die Behandlung der Opfer: Über unseren Umgang mit dem Trauma der Flüchtlinge und Verfolgten. Stuttgart, Klett-Cotta

Preitler, B. (2016). An ihrer Seite sein: Psychosoziale Betreuung von traumatisierten Flüchtlingen. Wien, Studien Verlag

Reddemann, L. (2001). Imagination als heilsame Kraft. Ressourcen und Mitgefühl in der Behandlung von Traumafolgen. Stuttgart, Klett-Cotta, 20. Auflage 2017

Zito, D., Martin, E. (2016). Umgang mit traumatisierten Flüchtlingen. Ein Leitfaden für Fachkräfte und Ehrenamtliche. Weinheim und Basel, Beltz Juventa